Azimut brutal

45e parallèle nord

Photographie p. 2-3 : © Nicolas Lux (série « Parallèle 45 / Azimut brutal »)

ISBN : 978-2-9545163-8-7

N° D'ÉDITION : 9

Christophe Dabitch

Azimut brutal

45e parallèle nord

SIGNES ET BALISES

Ce récit est celui d'une exploration collective à pied,
d'ouest en est, vers le levant,
la traversée d'un territoire français en suivant
au plus près la ligne arbitraire du 45e parallèle nord.
Un droit chemin qui n'existe pas, sauf à le considérer
comme une entrée dans le paysage par effraction.

À égale distance du pôle Nord et de l'équateur,
entre les grands froids et les grands chauds,
on dit de ce parallèle qu'il incarne la tempérance et l'équilibre,
un rapport d'échange.

La ligne droite s'avère impossible. Elle existe sur les cartes mais pas pour nous, marcheurs pourtant guidés par cet impératif dont la gratuité nous laisse espérer des surprises. Comme si nous progressions sur un fil tendu, nous cherchons à suivre au plus près un tracé invisible, mais la nature et l'activité des hommes rendent inévitables les contournements et les détours. Ce qui est cohérent et intangible dans le ciel ne peut s'appliquer sur terre, c'est ainsi. Le 45e parallèle nord est une ligne tortueuse.

La contrainte forçant la réflexion, il apparaît qu'en allant droit nous tentons toujours de tuer quelque chose de possible. La ligne droite rassure tant on est persuadé qu'elle est le plus court chemin. Elle évite les angoisses de l'imprévu que l'on prête aux détours, elle est le comble de la sensation de maîtrise et sans doute la plus sourde à ce qui l'entoure. *En amour, celui qui va le plus droit est celui qui s'égare le plus,* dit une vieille histoire irakienne. Paradoxalement, alors qu'elle semble incarner le temps gagné, la ligne droite révèle la mort avec plus de force là où la sinuosité, avec ses détours, qui sont peut-être l'essence même du voyage, joue à ne pas laisser voir le bout du chemin.

En avion, si ce n'est l'explosion ou d'éventuelles rencontres en suspension, il ne se passe rien. Malgré les surprises météorologiques, ces grandes carcasses remplissent le plus parfaitement la conception utilitaire d'un tracé rectiligne avant tout économique, même si dans les airs comme sur les océans, du fait de la rotondité, la ligne courbe est plus courte que la ligne droite. Durant la marche, vu des forêts et des champs, le sillage blanchâtre et silencieux des avions dessine parfois dans le ciel notre droite parallèle à la perfection.

Tout comme les trains qui filent, les autoroutes, avec leurs aires de repos en étranges frontières et ponctuations, obéissent à la même logique utilitariste. Au-delà de notre plaisir enfantin de braver le danger, le jour où nous traversons une double voie rapide à pied, précisément à l'endroit où le 45e la croise à la perpendiculaire, tel que l'atteste un grand panneau à destination des conducteurs, la ligne de bitume apparaît comme monstrueuse. Cette grande saignée bleue dans le paysage se révèle un espace fermé sur lui-même, dont les seuls contacts avec l'environnement sont les grands panneaux identiques signalant par des dessins simplifiés les lieux d'exception à proximité. L'autoroute semble soudain un univers habité par des insectes métalliques rivés au sol qui bourdonnent au loin puis vrombissent dans un souffle sans que l'on ait pu identifier un visage.

Que provoque ce grand panneau chez les automobilistes, du moins ceux qui n'y sont pas habitués ? Ils sont concentrés sur leur trajectoire, la mécanique et les bruits de la voiture bercent le cerveau ; ils ont les yeux mi-clos et, rêveurs, laissent leur imaginaire ou leur mémoire flotter dans le défilement ; ils écoutent la radio, de la musique, des paroles ; ils regardent leur téléphone, répondent en articulant exagérément. Ils sont passivement en mouvement, assis en déplacement. Voilà longtemps, sur un âne, aujourd'hui dans le métal. Soudain des chiffres et des mots traversent leur champ de vision, sur un grand panneau ils voient de loin le nombre 45 qu'ils ont le temps de relire plusieurs fois avant qu'il ne disparaisse. Le ciel invisible tombe en silence dans la voiture, une ligne qu'ils franchissent se matérialise dans leur esprit, ils traversent une frontière dont personne ne s'occupe. À quoi pensent-ils ?

/

Avec mes trois compagnons de chemin, même si nous en pressentions le caractère illusoire, l'idée première était bien d'aller tout droit. Nicolas, l'homme de la photographie, qui le premier a eu cette étrange idée, a longuement regardé les cartes. Il les a partagées avec Frédéric, l'homme du son, puis avec Patrick, l'homme de la marche. Il y a d'abord eu quelque chose d'enfantin dans notre manière d'en parler, d'en rire même tant cette façon de trancher dans le paysage et de s'enfoncer tout droit dans la forêt ramenait au souvenir du lointain plaisir, piqué d'angoisse, de se lancer dans une aventure près de la maison, au-delà des arbres qui paraissaient si grands pour franchir une frontière secrète. Nous imaginions emprunter les routes et les sentiers, mais en sortir aussi, surtout en sortir. Puis il y eut différentes tentatives de justifier ce choix de l'arbitraire, voire de l'absurde. Nous n'allions suivre aucun explorateur du passé, ni marcher sur les traces des grandes fractures de l'Histoire ou d'une ligne révélatrice. À bout d'arguments et pour clore, sans pour autant en faire une règle absolue, nous avons fait vœu d'un certain silence, du moins pendant la marche, comme s'il était la condition première.

La ligne droite s'avère donc impossible, dès le premier jour. Lorsqu'un obstacle se dresse – taillis épais, massif de ronces, clôture végétale –, on s'acharne d'abord à coups de bâtons et machettes. On en ressent une puissance destructrice, masculine, et, malgré les rires, une joie de conquistador, de dompteur, de dominateur. Mais très vite une forme de douceur et de recherche négociante s'impose. Nous nous décalons pour trouver le meilleur passage du ruisseau, la trouée dans le taillis, le chemin caché et ancien, la façon la plus habile de se faufiler. Nous sommes en quête d'un type de sentier qui nous facilite la tâche, ces trouées creusées par le corps des animaux, herbes aplaties par leurs pattes et sabots, faux chemins que l'on nomme coulées dont ils se transmettent mystérieusement la connaissance. Ces tracés dessinent eux aussi une carte et une expérience sensible du terrain, comme des ruisseaux, dont on ne peut appréhender l'existence qu'en les empruntant. Il nous semble basculer dans un monde d'ombres animales pressenties, sans presque jamais les apercevoir. Accroupis, nous élargissons ces passages avec toujours la crainte de tomber sur l'ennemi majeur de cette marche en pays connu, le sanglier. Il faut alors faire du bruit et parler haut : pratiquer l'intox et le bluff est de source certaine un possible dialogue avec le sauvage.

Le zigzag devient notre pente naturelle, comme en voilier lorsque l'on remonte au près, en serrant au plus juste l'axe du vent que l'on ne peut affronter en tracé droit. À pied, la terre est un océan touffu, une petite mer sur laquelle nous devons nous adapter et faire avec les contraintes. La marche sur la masse dure joue avec le fil imaginaire du 45e, s'en écarte, se rapproche, le chevauche, le suit quelques mètres, puis s'en détourne pour y revenir. C'est une drôle d'obsession qui devient un défi pour inventer ce chemin. Par l'instinct, l'intelligence rusée, l'observation, l'écoute, nous expérimentons l'irremplaçable satisfaction de savoir nous mouvoir dans la nature. Ce simple plaisir ouvre une plénitude.

Certains, qu'ils soient militaires – telle est l'origine de l'expression *azimut brutal* –, adeptes des jeux dans la nature ou randonneurs de l'extrême, s'attachent à suivre scrupuleusement une ligne droite, quoi qu'il en coûte. La performance et les difficultés grandissantes en constituent le sel. De ce point de vue, nous ne pouvons rivaliser. Nous ne portons pas d'armes et nous ne hurlons pas en nous tapant dans les mains lorsque nous franchissons un obstacle. Nous ne respectons pas l'injonction absolue de la ligne droite mais nous en retenons un appel radical du départ, toujours en droite ligne, comme une main qui tranche. S'il peut paraître modeste aux marcheurs des grands défis, nous sommes bien de cet élan et de cette ouverture.

/

Le geste inaugural est le franchissement illégal, au petit matin, de la clôture d'une gravière. Des machineries gigantesques et encore silencieuses émergent dans le brouillard épais. Avec les bouts de dunes et les montagnes de cailloux, elles dessinent une ville de fantasmes dans la nature endormie. L'entrée se fait à pas feutrés, en chuchotant, de crainte qu'un chien hargneux ou un gardien tatillon n'attende au détour d'un buisson. Il serait de mauvais goût que la marche commence par un coup de fusil. Des lacs apparaissent à leur tour dans les trouées, puis des pins, danseuses immobiles attendant le soleil qui bientôt se lève et provoque une première et légère épiphanie.

Mais la voiture et notre monde sont encore proches. La grande et magnifique image matinale ressemble vite à un calendrier illustrant notre belle ruralité. Soudain l'émotion disparaît, je ne ressens plus rien, je suis en dehors de ce paysage dans lequel j'avais pourtant eu le sentiment d'entrer immédiatement. Les sons de l'autoroute, à deux pas de là, se laissent encore entendre, le bruit s'étire au-dessus de nos têtes. Peut-être est-ce cela, je ne suis pas prêt. Pourtant, après quelques minutes de marche silencieuse, cela revient faiblement comme si, par le simple franchissement d'une clôture à la bonne heure, dans une nature encore étrangère car je ne l'ai ni pénétrée ni sentie, me voilà précipité dans une atmosphère qui happe le regard. Après m'être vu touriste ce matin-là, petit corps qui se ballotte distraitement au gré du spectacle, un basculement m'incite à poursuivre, un appétit de la marche et un désir de répondre avec légèreté à l'invitation. Il faut maintenant trouver un bâton : il sera de bambou, tranché d'un coup de serpe.

/

J'attends un silence, des silhouettes lointaines, parfois des regards. Cette fois-ci, à la différence d'autres voyages, il ne s'agit ni de me perdre ni de me trouver dans la parole de ceux que je rencontre. J'aimerais être seul face au paysage, me taire, ne rien demander, ne pas écouter, ne pas me laisser envahir par l'histoire humaine dite par des bouches, essayer d'entendre d'autres voix et peut-être même la mienne dans ce lieu que je découvre, saisir un silence proche des humains mais à distance, comme si je devais les quitter pour retrouver les visages derrière les grimaces. La coïncidence est heureuse car le 45e parallèle nord dessine une fine bande invisible qui s'étire dans l'immatériel, un chemin imaginaire que presque personne n'emprunte sinon sans le savoir et qui pour l'essentiel évite les hommes. Ce qui m'attire là est un espoir dont je ne suis pas sûr de saisir les mots justes.

Avec mes compagnons, nous ne faisons que passer, surgis de nulle part et allant on ne sait où, sortant d'un bois à l'improviste, traversant étrangement un champ et pénétrant à nouveau sous les arbres là où le tracé nous appelle, comme des apparitions, fantômes modernes armés de bâtons et de machettes dont personne ne comprend vraiment la nécessité. Nous ne nous arrêtons pas, nous avons une mission poétique de la plus haute importance. Nous ne traversons pas le pays en suivant ses attractions connues, d'îlot remarquable en îlot révélateur, dans une logique patrimoniale, mais nous jetons les dés. Ainsi me dis-je et peut-être mes compagnons tout autant : le 45e est une brèche qui s'ouvrira et laissera percevoir ce que je ne vois pas encore, qui appellera d'autres lieux et d'autres histoires. C'est un départ vers des terres non exotiques, même si ce cheminement précis autant que les lieux que nous allons traverser me sont inconnus. Je n'y ai jamais mis les pieds, j'y suis vierge de sensation et de regard. Je n'en suis pas familier mais j'en connais les composants, car ils sont proches de la terre sur laquelle j'ai grandi, non loin de là : les arbres, les fleurs, les rivières, les cultures, les animaux, les ciels. Ce coin du monde est mon habitude, mon arrière-plan, et vient très vite en chemin l'idée que la beauté ne surgit pas que du spectacle, de l'étonnement face à l'inconnu et de la surprise du jamais vu, mais aussi de la répétition et de la connaissance. Elle se révèle comme ce qui précisément survit à l'habitude. Peut-être est-ce cela l'objet de la recherche : marcher pour connaître le ravissement dans un paysage connu, mais hors des sentiers battus.

/

Les vaches sont les témoins, tout au long. Leurs regards indifférents et langoureux suivent nos silhouettes ; leurs lents balancements de tête lorsque nous les croisons ; leur bel enracinement à l'allure cosmique qui nous défie ; leur tranquillité de chair ; leur lourde beauté. Elles habitent avec constance les champs que nous traversons. Le mystère de leur présence ne cesse d'attirer notre attention et l'on oublie même parfois leur place assignée dans la logique alimentaire.

Un matin, elles meuglent sans fin en s'approchant, groupées en un ballet massif. À force de marcher dans les bois sans que l'air soit saturé par les voix humaines, j'imagine qu'elles souhaitent nous parler et qu'elles le font. Sur un ton plaintif et catastrophique, lent et profond, elles préviennent d'un danger à venir. Elles insistent, car elles sentent bien que nous ne comprenons pas ; elles s'énervent même de nos visages ébahis et du sourire enfantin qui traverse nos faces ; elles sont tout autant indignées par les piètres tentatives de meugler de concert avec elles, confusion supplémentaire à ce dialogue de sourds. Ce jour-là, derrière cet orchestre symphonique et cette assemblée cornue, au loin, au milieu du champ, un veau boitant et esseulé s'efface discrètement. Le paysan avec lequel je parle quelques minutes le regarde longuement, il sait qu'il ne pourra pas le sauver. Le chant des vaches résonnera longtemps au-dessus des arbres.

Un autre jour, sous un chêne, un énorme taureau statufié nous observe, la tête immobile mais les yeux guetteurs. En franchissant les clôtures pour traverser le champ, je ne l'ai pas vu. Il apparaît soudain, comme s'il m'attendait, mais il ne remue pas un cil. Un lien invisible nous relie maintenant, il se tend. Son œil m'accompagne, puis le fil se détend et se brise lorsque je sors de son emprise en passant par-dessus une autre clôture. La bête se détourne et se replonge dans le regard des lointains.

Plus tard, nous devons traverser à découvert une prairie plantée de belles vaches à la robe auburn. Toutes nous regardent, à l'écoute des ondes que nous émettons, hésitant sans doute à nous chasser. Ce n'est plus un, mais des centaines de fils qui cette fois se tendent et figurent une toile dont nous représentons le centre. Ce sera le carnage ou la paix indifférente. L'indécision dure de longues minutes. Puis je leur parle en silence, avec respect, dans ma langue, et leur demande l'autorisation d'entrer sur le territoire sacré dont elles sont les gardiennes, telles des divinités immobiles. C'est encore une fois ce regard profond que j'imagine tendre, ces yeux en dizaines de petits miroirs ovales qui reflètent le grand ciel, la prairie et quatre minuscules silhouettes qui attendent un signe. Elles entendent, nous gagnons le sommet de la colline.

/

Les ruines modernes sont de la marche. Elles racontent des départs soudains, de lents abandons, des morts qui laissent la place déserte ; l'histoire d'une campagne française sur plus d'un siècle durant lequel chaque génération s'accroche aux souvenirs vivants, s'interroge sur le caractère définitif du mouvement en espérant que quelque chose tienne encore ; des hommes qui luttent pour maintenir, et parfois lâchent ; une forme de désertification, de vieillissement et de changement radical que nous avons nous-mêmes, depuis l'enfance, vécus. En chemin, Nicolas nous rappelle qu'en France, contrairement à toutes les idées reçues, la forêt regagne le terrain perdu du fait de la déprise agricole. Et si l'homme disparaissait de la Terre, la nature mettrait quatre siècles à tout recouvrir et tout engloutir.

Dans le franchissement des portails et des clôtures, ignorant la propriété privée, je suis un jour arrêté par un drame entraperçu, comme si j'étais saisi aux épaules et aux jambes pour me contraindre à rester là, à l'arrêt, à écouter ce que les traces disent. Une maison presque écroulée, aux fenêtres et portes fermées par des clous et des chaînes, une balançoire figée que je crois voir en mouvement, un babyfoot abandonné sous un appentis, des bouteilles cassées près d'une cheminée noircie dans une dépendance, un chemin qui ne veut pas disparaître sous les herbes folles, un arbre abattu et des objets divers épars.

Je suis assailli par le sentiment d'une brusque rupture, d'une fuite précipitée et pour tout dire d'une tragédie que je n'arrive pas à me figurer. Une présence rôde et je suis projeté dans d'autres visions de maisons abîmées et noircies, loin d'ici. Je revois l'une d'elles, en Bosnie, dans le village de Višegrad, rue des Pionniers, où des miliciens serbes ont enfermé le 14 juin 1992 environ soixante-dix personnes, dont des femmes, des enfants et des personnes âgées, y ont mis le feu puis mitraillé ceux qui tentaient de s'échapper. Seuls huit d'entre eux ont survécu. Frappé d'hébétude et de terreur, j'étais resté à regarder cette maison calcinée dont je connaissais l'histoire pour l'avoir lue dans les audiences des procès du Tribunal de La Haye. Je pensais aux voisins de cette rue pavillonnaire proprette qui eux aussi savaient, qui passaient devant la maison chaque jour, comme cette femme qui par une fenêtre m'observait, qui se demandait sans doute quel type de voyeur étranger je pouvais être, dans quel but je venais dans ce village où l'on avait massacré et chassé les habitants musulmans, pourquoi je regardais cette maison noire qui devait être oubliée afin que la vie reprenne son cours normal.

Ici, je vois le chaos que les hommes tentent toujours d'organiser reprendre possession des lieux, il déborde à nouveau et bientôt engloutira ce qui a été vécu. Un homme crie au loin, peut-être nous hurle-t-il de dégager. J'aimerais lui parler, savoir ce qui s'est passé ici, mais nous reprenons la marche afin d'éviter les ennuis. Peut-être que nous sommes en réalité chassés de la maison du drame, comme des intrus et des voleurs d'histoires.

/

Voilà des années, j'avais un ami qui me disait toujours que le grand air lui faisait du bien. La répétition de la marche et l'engagement physique forçaient à fuir les nuages stagnant au-dessus de sa tête, voire éliminaient le poison qui l'avait un jour brusquement envahi, dont il tentait de se débarrasser, comme si tout pouvait le quitter avec la sueur et l'épuisement du muscle.

Quand nous étions assis pour discuter, il ne restait calme qu'un court instant. Je remarquais d'abord le bout de son pied qui tapotait le sol, puis c'était au tour du talon. Il alternait ensuite les deux mouvements et les pieds se mettaient à bouger à gauche à droite comme un essuie-glace balayant le sol. L'agitation remontait aux mollets, aux jambes et bientôt au buste, aux épaules, aux bras, aux mains. Seul le regard parvenait à s'extraire de la nervosité générale et donner le change. Il se levait, faisait quelques pas, se rasseyait et tout recommençait. Il ne comprenait pas que je puisse parfois rester immobile à ne rien faire. Il disait : *comme une plante*. Il fallait qu'il se lève, que l'on fasse quelque chose, enfin. La vie était dans le mouvement et, pour avoir si longtemps souffert de me sentir en dehors du tourbillon, je partageais son opinion.

Certains amis sont des miroirs et, face à lui, je me revoyais plus jeune, avant que je ne le connaisse, attendant ce qui devait forcément arriver, fuyant la glue de l'ennui, cherchant sans cesse l'agitation, car là, dans le flot, devait se trouver la perle qui me ferait vivant, oubliant les coups de l'échec et repartant à l'assaut comme si de rien n'était. Je craignais avant tout qu'il ne se passe rien. Le temps mort était pour les vieux, pour après.

Lorsque nous marchions, il était toujours devant, d'un mètre ou d'une dizaine. Il aimait sentir l'effort lui travailler le corps et disait que la vie était dans la dépense, pas dans l'économie. J'aimais le voir marcher. Il incarnait une sorte de célébration joyeuse. Quelque chose se libérait en lui. Il quittait une pesanteur et respirait la poitrine bien ouverte, comme un bel animal. Il se retournait parfois avec un sourire béat ou s'inquiétait de mon éventuelle fatigue. Il parlait peu durant la marche, alternant une obstination, le visage penché sur ses pieds, avec un éveil enfantin, la tête dressée, observant ce qui l'entourait comme s'il le découvrait.

Je me souvenais aussi qu'avant de le suivre dans ses marches triomphales, je l'avais vu durant de longs mois reclus et ramassé sur lui-même, écroulé dans la mélancolie, incapable du moindre pas qui ne soit un tâtonnement tremblotant, comme ces vieux touristes américains descendant des paquebots chaussés de baskets neuves, au pas hésitant, chavirant sur eux-mêmes. Les images que je gardais de cette époque étaient sans doute pour beaucoup dans ma perception positive de son nouvel élan. Mon ami, pour différentes raisons, avait brusquement chuté, il avait été interné, bourré de médications, et puis un jour il était sorti. Je le voyais renaître et j'aimais cela. La marche ne résolvait rien mais peu importait. Quand je risquais une remarque, à certains moments de doute ou plus simplement de fatigue, si je tentais de soutenir que la fuite ou le mouvement incessant ne signifiaient pas la résolution des problèmes, il me répondait : *Tu crois qu'il y a vraiment quelque chose à résoudre ? Au fond*, poursuivait-il, *il faut savoir tromper l'ennui, passer le temps, l'occuper concrètement avec son corps*. La marche en était une belle manière. J'ai compris au fur et à mesure qu'il n'était pas nécessaire que je l'accompagne. Il continue seul à marcher ainsi et, d'après ce que j'en sais, se porte bien.

/

Nicolas a bien organisé les choses. Chaque soir, au point d'étape, un petit comité d'accueil nous attend pour le geste de l'apéritif : élus locaux, associations, villageois intrigués, journalistes. Ils nous reçoivent avec gentillesse. C'est le moment de parler de cette drôle de marche qui attire les curieux. Ils s'y intéressent tout autant qu'ils s'en amusent. Nous entrons dans le jeu pour partager l'humour : nous traversons la brousse française, nous faisons avec les dangers et acceptons les risques ! C'est effectivement une épreuve physique et, même si l'un d'entre nous cache mal son boitement et arrive généralement en queue de peloton, nous sommes forts comme des poètes à la recherche de l'invisible concret. Le projet est ainsi défini *illico presto*. Il faut parfois éviter de tergiverser, d'autant plus autour d'un verre. Nous battons la campagne armés d'un certain lyrisme, rien de moins. L'autre jeu pour la photo quotidienne du journal est d'alterner dans la pose face à l'objectif : deux sourient, les autres arborent des mines chagrines et inversement le lendemain, comme une ponctuation théâtrale des états d'âme des marcheurs au fil des jours. Un journaliste rencontré titrera son article : *Voyage dans le banal*. Nous sommes visiblement dans le ton des explorations infra-ordinaires prisées aujourd'hui – ces voyages urbains dans les interstices et les espaces impensés pour les piétons, qu'on oppose à la distraction lointaine et ce proche que nous ne regardons plus. Le geste volontaire dirait un refus à la prétention idéologique de l'exotisme touristique, cet ailleurs qui est toujours le quotidien d'un autre et, comme le dit quelqu'un un soir : *Tout le monde rêve d'ailleurs, et ailleurs c'est partout*. Je pense à une phrase entendue dans un autre contexte : *Pour que certains passent, il faut bien que d'autres restent.*

J'avoue ma méfiance vis-à-vis d'une certaine glorification de la banalité que l'on pratique semble-t-il pour l'exercice spirituel, qui devient dans des mains raffinées un objet précieux porteur de sens et de poésie, que l'on caresse avec sagesse, comme un petit animal domestique. On oublie toujours la dureté et la mort à ce compte.

Dans les discussions autour d'un verre, il est assez étonnant de parler du parallèle nord, car on ne peut presque rien en dire ni rien en tirer, sinon la certitude de son passage à l'endroit où nous nous trouvons. Ces habitants savent que le 45e passe par là, quelque part, parfois même précisément au croisement d'un champ, d'un bois, d'une rue. Ils en connaissent la présence et je sens que quelque chose les y relie. C'est impalpable, je ne sais ce que cela représente dans leur vie, s'ils y songent seuls en regardant le ciel ou si parfois le nom du 45e résonne dans leur esprit. Ils ont la politesse de sourire à cette question trop vaste et font silence sur leurs lieux secrets. Je repense à mes automobilistes au sujet desquels j'imaginais une vacuité spirituelle au croisement du parallèle sur l'autoroute. Je perçois chez ces habitants, à l'évocation de cette ligne, une nuance différente, une suspension. Peut-être est-ce pour eux une brèche, celle que j'espère, avec laquelle ils vivent. Des inconnus, d'une autre langue et d'une autre culture, habitent également sur cette ligne de partage des terres qui boucle un tour du monde en revenant toujours ici. Une correspondance existe-t-elle ? Sans doute moi-même pris par une soudaine quête de sens dans le tracé, je ne peux m'empêcher de voir un lien entre eux – qui s'échinent à vivre ici dans une campagne hantée par la disparition statistique des paysans, qu'ils craignent menacée de dissolution – et ces habitants lointains qui peut-être eux aussi tentent de survivre, d'une manière ou d'une autre, là où ils vivent. Dans un livre retraçant un voyage en Sibérie, que je lis durant cette marche, Colin Thubron écrit : *Un voyageur a besoin d'attacher du sens au lieu où il se trouve et ainsi, d'en donner à sa propre personne.*

Je ne leur demande pas s'ils savent vers où la ligne continue, ces noms de lieux qui claquent comme autant d'appels : Massif central, Valence, Turin, Italie du Nord, Croatie, nord de la Bosnie, Vukovar, Voïvodine en Serbie, Roumanie, mer Noire, Crimée, Russie, mer Caspienne, Kazakhstan, mer d'Aral, péninsule ancienne île de la Renaissance, Chine du nord-ouest, Mongolie du sud, Vladivostok, mer du Japon, île Hokkaido, îles Kouriles, océan Pacifique, États-Unis, les Rocheuses et les Grandes Plaines, Portland, Idaho, Montana, Minnesota, Wisconsin, lac Michigan, lac Huron, Canada, Ontario, frontière États-Unis / Canada, État de New York, Vermont, New Hampshire, Maine, Nouveau-Brunswick, Nouvelle-Écosse, océan Atlantique, Lacanau en Gironde. 28 385 kilomètres autour de la Terre dont 627 en France et, pour nous, en Dordogne, 113.

/

Cette latitude 45 est une addition de points situés à la même distance de l'équateur, ce cercle défini par l'observation astronomique et l'influence du rayonnement solaire. Le méridien de référence, la longitude zéro, située à l'observatoire londonien de Greenwich, découpe quant à elle la Terre en tranches verticales de 24 fuseaux horaires. Elle est une pure convention entérinée en 1884 lors d'une conférence internationale à Washington réunissant 25 pays. Elle fut contestée à l'époque par Paris qui entendait être la référence, puis acceptée en échange de l'adoption internationale du système métrique français. Avant cela, de nombreux pays choisissaient logiquement de situer le méridien zéro sur leurs terres, avec des cartographies très différentes. Ce choix négocié de Greenwich répond aux besoins mondiaux de la navigation tout en incarnant une domination politique occidentale.

Alors que les latitudes pouvaient notamment être définies par la hauteur de l'étoile Polaire sur l'horizon et le rayonnement solaire, le calcul de la longitude a toujours été le point faible des marins dès qu'ils ne voyaient plus les côtes. Il n'a pas empêché les grandes découvertes aventureuses, les expansions coloniales et commerciales, mais il a entraîné naufrages et pertes de navires. Au point que l'Empire britannique proposa un prix et une forte récompense, le *Longitud Act*, en 1714, à celui qui trouverait la solution. Vingt ans plus tard, un autodidacte, John Harrison, fabriqua une horloge précise qui supportait la mer – un chronomètre de marine – pour indiquer une heure d'origine et une heure locale. Même si on ne lui remit le prix et l'argent que quarante ans après, sa création permit toutes les évolutions ultérieures, à condition d'avoir un point zéro et une heure de référence, qui sera donc Londres, près de la Tamise.

Ainsi, la grande différence entre longitudes et latitudes est que ces dernières sont définies selon des références *naturelles* et climatiques, et non de convention. De l'équateur (que les Grecs anciens imaginaient en zone torride et océan bouillant) aux pôles, du climat équatorial, chaud et humide, aux glaces. Avec pour autre influence supérieure les courants océaniques et les climats continentaux, les latitudes découpent en partie un lent changement progressif dans la nature, le monde animal et donc, pour les hommes, des façons d'habiter la Terre. Du moins en Europe, car cette position d'équilibre, réel, du 45e nord, dit peut-être surtout un ethnocentrisme européen, scientifique puis politique et colonial, lorsqu'il s'est agi de définir une idéologie justifiant une supériorité. Si *tempéré* renvoyait réellement à l'idée d'équilibre, il apparaît que l'équateur est plus stable, plus régulier en soleil et pluies – et donc plus tempéré – que les terres et océans du 45e avec leurs contrastes saisonniers. Mais dès les cartes du Moyen Âge, même si le Paradis était situé aux Pôles, l'Enfer était déjà à l'équateur.

Les latitudes sont connues depuis les alignements de pierres du néolithique, l'Inde ancienne, l'Égypte antique et d'autres civilisations, mais c'est l'astronome grec Ératosthène, précepteur de pharaon et père de la géographie, plus de deux siècles avant notre ère, qui a calculé avec précision la circonférence de la Terre à partir des latitudes. La belle histoire veut qu'un jour, chez lui à Assouan, au zénith du soleil, il remarqua qu'il n'y avait aucune ombre au fond de son puits. Plus tard, à Alexandrie, toujours au zénith, il observa qu'un obélisque portait une ombre. Sachant le pas du chameau régulier, il demanda à des chameliers de calculer la distance entre les deux villes situées sur deux latitudes différentes mais sur un méridien proche, croisa angles et temps de trajet, mesura la circonférence, l'arc du méridien et établit une carte mondiale.

Grisé par la science et l'histoire, gorgé d'enseignements et de références où se retrouvent livres et observations, malgré les représentations ethnocentrées, *notre* équilibre, et non l'équilibre, je me surprends à penser que les latitudes sont autant ancrées dans la terre que dans le ciel, dans la réalité et l'imaginaire, physiques et invisibles, comme des racines aériennes. Le 45e géographique est bien *réel*, il a ses correspondances vivantes.

Des pommes, des figues, des raisins : nous glanons chaque jour comme des écureuils en voyage. Un rapport simple nous emplit de joie : tendre le bras et manger. La saison d'octobre donne ses fruits, le raisin et la pomme dominent, quelques figues encore et bientôt les noix. Les champs de noyers et leur ombre humide sous laquelle l'herbe paraît fluorescente s'imposent de plus en plus dans le paysage cultivé. Contrairement à la logique d'aubaine – se remplir les poches le plus possible –, au fil des jours vient la certitude que les arbres chargés seront du voyage. On ne prend parfois qu'une pomme, cela suffit jusqu'au prochain arbre pourvoyeur. Un homme nous propose de venir en cueillir un peu plus chez lui, petites, rouges, acidulées, et nous offre en plus de l'eau fraîche. Parfois, comme des enfants, nous volons des raisins par-dessus une clôture. L'estomac étant ce qu'il est, le pommier majoritaire devient une petite distraction, il entraîne des sauts de puce dans les champs, des dégustations acides et sucrées, des comparaisons, des prédilections suivant les goûts, et même des surprises.

Un jour, alors que nous ne croisons personne – derniers habitants d'un récit apocalyptique à la recherche d'un point d'eau ou d'un autre groupe humain qui aurait survécu –, surgit un champ de pommiers abandonnés. Les troncs sont gagnés par les hautes herbes et des plantes vampires inconnues. Les branches garnies tombent de fruits, les pommes sont biscornues et violettes, peut-être atteintes d'un mal inconnu, étranges, mais délicieuses. Ce verger fut entretenu, les arbres furent alignés et taillés afin de favoriser le rendement tout en laissant les branches à hauteur d'homme pour la cueillette. Ces pommiers eurent cet étrange aspect de bonzaïs anarchiques, ressemblant à tout sauf aux pommiers des jardins familiaux que nous avons en mémoire. Chaque année, ils furent ainsi empêchés de s'élever. Aujourd'hui, après l'abandon agricole, la force des arbres se traduit par un nouvel élan, mais dans le désordre le plus total. Il leur est impossible de retrouver une pousse naturelle. C'est le long cri de l'effort vain que j'entends, alors que les plantes grimpantes posent leurs ventouses sur les branches pour les étouffer. C'est aussi une tristesse de voir cet arbre ainsi réduit. Je rends hommage en mangeant les fruits. Je croque. Dans la vigueur du morceau que l'on arrache avec les dents (lent travail d'images), il y a toujours une joie un peu idiote de croire que tout est possible.

Grâce aux pommiers, ces haltes sucrées, les prochains kilomètres seront avalés dans l'insouciance et la vitalité.

Le pommier m'amène à la marche de pèlerinage et de pénitence où la douleur, preuve que le corps exulte, est exaltante. Cette pente n'est pas la mienne. J'aime l'effort, pas la souffrance. Mais le 45e va être généreux avec moi. Car la douleur vient très vite, dès le deuxième jour de marche, à cause d'une erreur stratégique du choix de la chaussure, d'un premier temps pluvieux et de macérations dans le froid humide qui se traduisent par une surprenante bosse à la base du tibia et un pied dont les terminaisons nerveuses deviennent du verre qui crisse à chaque pas et menace de se briser. Je néglige d'abord une souffrance que je pense passagère – sans doute un manque de préparation physique pour l'épreuve, me dis-je sans vraiment y croire. Mais lorsqu'elle s'installe et signifie qu'elle sera du voyage, je me rends : il faudra faire avec. C'en est fini des premières envies de marches vigoureuses et insatiables, des jambes solides, de cette pleine santé du petit matin dans la pérégrination vers le soleil levant (nous progressons vers l'est), de la jeunesse dans la foulée, d'un élargissement de la poitrine. Je dois prendre soin de mon corps matin et soir comme un homme âgé – bains de pieds à l'eau salée et massage –, chercher sans cesse les bonnes positions en marchant pour souffrir, certes, mais moins, ne jamais oublier cette faiblesse afin d'éviter les mauvais pas qui l'aggraveraient, et puis aussi ne pas provoquer l'arrêt de la petite colonne, rester digne face à mes compagnons de route qui auront la bonté d'être solidaires jusqu'au bout malgré leur inquiétude. Il me faudra tenir. La marche est l'occasion de se rappeler avec douleur que nous sommes avant tout des bipèdes, faits pour être le plus droits possible sur nos pieds, que tout notre poids et notre hauteur reposent sur ce complexe entrelacs amortisseur de chairs et d'os. Je tente ainsi, suivant les heures, le dialogue avec la douleur, la supplication au corps, la prière intérieure, mais aussi la négligence, l'oubli, le rire dominateur ou le mépris. Si la souffrance parvient à me vriller le cerveau et me couper si facilement du monde, pourquoi l'inverse ne serait-il pas vrai ? Pourquoi, par ma puissance spirituelle, ne serait-il pas possible de la mettre en sommeil ? Me reviennent à la mémoire de vieilles théories familiales qu'à trop s'écouter on se perd et, à rebours des axiomes contemporains de la pleine conscience, tout en douceur et suavité, qu'il faut parfois savoir oublier ce corps qui suivra bien la cadence. Mais rien n'y fait. J'ai beau me dire que la vie m'a relativement épargné jusqu'ici, la douleur s'absente parfois pour me laisser respirer, puis elle revient comme une ruine et je glisse dans le calvaire. M'est confirmé avec certitude que la souffrance ne m'élève en rien, ni ne me révèle les profondeurs de l'âme.

La concentration sur ce bout du corps entraîne ainsi des trous dans le voyage, des absences à ce qui m'entoure. Je ne vois plus et n'entends plus. Anesthésie sensible et privation sensorielle s'emparent de moi. Au fil des jours, le plus insupportable est la route, le dur que nous empruntons par bouts. Il est évident que l'asphalte n'est pas destiné aux marcheurs tant il frappe le pied et les articulations. Dès que je vois ce symbole de la civilisation – que l'on désigne justement en Afrique de l'Ouest par la matière qui la compose, le *goudron* –, je sais que la torture va commencer. À l'inverse, je me réjouis presque des terres meubles où mon pied s'enfonce en douceur, des matières granuleuses qui me massent la plante, des sillons dont j'épouse les courbes, des sous-bois spongieux et surtout de ces mousses épaisses que je guette comme une promesse légère.

/

Du haut du chemin, sur cette île grecque, la vallée s'ouvre sur une large crique caillouteuse et herbeuse habitée par les chèvres. Par temps clair, les montagnes turques, à trente kilomètres de là, apparaissent à l'horizon. La ligne blanche du sentier serpente jusqu'aux galets à quelques mètres de la mer. Une guérite en béton est plantée sur la droite, légèrement en hauteur, avec une entrée sur l'arrière. Elle servait voilà longtemps aux garde-côtes à se protéger du froid et du vent. Plus loin, une grotte naturelle sablonneuse abrite les baigneurs qui la connaissent. Les chèvres, qui cherchent toujours l'ombre, suivent la courbe du soleil. Elles commencent la journée à l'est et la finissent à l'ouest sous la protection de la montagne, même si elles ne peuvent que subir à découvert le soleil du midi. Au milieu de la crique, deux rochers bornent une entrée dans l'eau transparente de la mer Égée, puis une série de pierres plates la facilitent. Une vingtaine de mètres plus loin, on n'a plus pied.

Si l'on vient de la mer, les perspectives s'inversent. Le chemin grimpe dans l'axe de la crique et on ne le distingue pas toujours. Il monte droit, zigzague, puis prend une courbe sur la gauche. Une autre petite vallée garnie d'arbres provoque une brisure à l'est et laisse deviner un second chemin plus large qui mène à une ferme et non au village. La végétation est faite de touffes d'herbes sèches, de bouquets d'origan et de sauge, de plantes grasses et au loin d'oliviers, de figuiers et de chênes travaillés par les vents. Les rochers composent des taches dans ce paysage où la poussière du chemin recouvre les pieds d'une pellicule blanchâtre. Plus loin sur la droite, une montagne s'élève avec à son sommet un château médiéval construit par les chevaliers en conquête sur les restes d'une acropole. Mais on ne l'aperçoit pas encore, il n'apparaît qu'à mi-chemin, quand on a dépassé la première butte. Si l'on débarque de la mer en pleine nuit, on ne voit rien de tout cela, mais plutôt des lignes et des reflets sur les rochers en cas de clair de lune.

On a retrouvé sur cette île du Dodécanèse des petits squelettes d'éléphants qui avaient migré avant la séparation d'avec l'Afrique, et qui furent condamnés à se reproduire entre eux et devinrent nains peu à peu. Plusieurs populations et nations ont occupé l'île au fil des siècles – Minoens, Crétois, membres de la Ligue athénienne, Turcs, pirates, Italiens, Allemands – jusqu'en 1948 où elle fut rendue à la Grèce. Durant longtemps, les habitants vécurent dans les montagnes pour se protéger. Ils ne descendaient pas des villages dont il reste aujourd'hui les ruines. Beaucoup sont partis et partent encore pour aller chercher une vie ailleurs. Selon la légende, le nom de l'île proviendrait d'un fils de la mythologie qui a éduqué Zeus en Crète.

Il aurait trouvé ici des herbes médicinales qui ont guéri sa mère. Après quoi il y a fait édifier deux temples, à Apollon et Poséidon.

Durant l'été 2015, si l'on quittait la mer par cette crique pour prendre le chemin et rejoindre le village – trace que j'ai suivie à plusieurs reprises en fin de journée, en revenant de la baignade –, on voyait à terre : jeans éparpillés sur les galets et dans les fourrés, couches de bébé, tee-shirts séchés et blanchis au soleil, boîtes de conserve avec des inscriptions en arabe ou en turc, paquets de cigarettes froissés, boîtes en carton déchirées, habits entassés pêle-mêle dans la guérite du garde-côte et, surtout, des gilets de sauvetage rouges. Les premiers se trouvaient au bord de l'eau, puis les suivants près d'un abri en bois fabriqué par les baigneurs pour bénéficier de l'ombre. D'autres avaient été jetés un peu plus loin. Depuis la crique, ces taches indiquaient le chemin, s'espaçaient, puis ponctuaient le sentier, à droite, à gauche. Les gilets avaient été jetés négligemment ou clairement déposés dans un endroit visible. Avec leurs bandes fluo qui brillaient dans la lumière des téléphones portables, ils étaient des repères – comme les cairns en montagne – laissés par ceux qui avaient réussi à passer pour ceux qui viendraient après. Près du village, au sommet de deux poteaux qui semblaient la ligne d'arrivée d'une course, deux gilets avaient été attachés, l'un sur le bois et l'autre à un crâne de bouc aux os blanchis. Je suppose que les auteurs de ces deux signes sont des villageois, ou peut-être le berger qui travaillait là, et qu'ils adressaient ainsi l'un de ces discrets gestes d'accueil à ceux qui arrivaient. Alors que la tête de bouc semblait parodier l'entrée dans le village d'un nouveau Far West, le gilet au sommet disait l'arrivée à bon port quelques mètres plus loin, la fin d'un premier chemin pour ce voyage qui en suppose d'autres.

/

Une centaine de clôtures se présentent sur le chemin du 45e, de la plus symbolique à la plus hautaine, du simple fil au barbelé rouillé, de celles légèrement électrifiées à d'autres plus perverses, dont l'une, beaucoup plus puissante, me projette au sol dans un grand claquement. Nombre d'autres clôtures sont écroulées, inutiles, réintégrées dans le tronc d'un arbre, avalées par les ronces et les taillis, aplaties par les chasseurs-cueilleurs qui eux aussi avancent à tâtons dans les forêts.

Le paysage est découpé par la propriété privée et nous devenons cambrioleurs qui n'avons rien à voler sinon un droit de passage, contraire à la loi, que nous nous autorisons. De fait, attentifs à une éventuelle réaction, nous affirmons une continuité par le franchissement, une transgression qui se pratique doucement, à l'œil et à l'oreille. Ces effractions quotidiennes participent du sentiment de pénétrer un inconnu fragmenté que nous sommes les seuls à découvrir. Nous imaginons chaque fois l'histoire d'un lieu par ce que nous en percevons dans le passage. Il nous semble traverser un paysage sans traces humaines visibles au sein duquel nous pensons être les premiers depuis longtemps.

Cette marche à travers les clôtures nie la propriété privée – le cloisonnement, le droit de retrait hors la vue au milieu des arbres, derrière les grands murs d'enceinte –, mais le défi de notre tracé, ce 45e qui se moque des petites et grandes frontières, en impose à ceux rencontrés à l'impromptu. Il provoque une surprise amusée, car il est vite évident que l'intention n'est pas le viol de la propriété particulière mais le respect d'une contrainte supérieure, celle du tracé et de la ligne. Ni conquête, ni occupation de territoires : nous sommes des oiseaux de passage qui suscitons même parfois un étonnement de plaisir. Notre présence affirme que ces grandes forêts sont encore habitées. Si de nulle part surgit un être avec lequel la parole est possible, tout n'est peut-être pas perdu.

Pourtant, un jour, un couple de vieilles personnes, raides sur leur ligne de frontière, nous jettent dans le même sac que tous les inconnus sauvages qui déchirent l'harmonie tranquille et menacent leur sécurité. Nous avons surgi de la forêt, pénétré dans leur champ puis dans la cour intérieure de leur bâtisse paysanne, sans crier gare ni demander une quelconque autorisation. Après les voitures, motos, mobylettes, VTT, voilà maintenant des marcheurs irrespectueux des barrières. Je comprends ces vieux qui ont sans doute encore à l'esprit l'activité qui fut la leur, avec la vie collective et foisonnante du travail de la terre. Il n'est pas seulement question de tranquillité et de propriété. Ils voient en nous des citadins équipés en Grande Surface qui traversent comme s'ils étaient partout chez eux, hors des sentiers tracés. Ils craignent que la campagne ne se réduise à un terrain de jeu pour gens des villes qui, en plus, telle notre petite colonne, ne respectent pas les trajets balisés supposés les contenir. Peut-être que ces vieux nous voient comme des cafards colorés, des envahisseurs effrontés d'un nouveau type.

En période estivale, cette courte période durant laquelle tant de belles demeures isolées reprennent vie, le chemin se serait peut-être transformé en parcours du combattant. Mais octobre attire moins les propriétaires fonciers lointains que les coureurs des bois, qu'ils soient chasseurs, cueilleurs, glaneurs ou amateurs des couleurs et parfums de l'automne. Eux aussi se faufilent. Nous traversons ainsi de grands domaines vides, bien entretenus, dirigés par une main de maître inconnue et argentée. Tout n'est que lignes et découpes harmonieuses, pierres anciennes à la forte densité, demeures imposantes qui figurent des îlots de maîtrise au cœur des forêts, souvent à l'écart des routes. À nous qui nous glissons dans la nature, elles provoquent chaque fois, par contraste, une surprise, comme une bulle de civilisation qui nous impose le silence. Nous redécouvrons avec un œil neuf le long effort des bâtisseurs, mais aussi le découpage châtelain du paysage, l'ancien monde qui survit dans les pierres et les barrières.

Cette netteté de l'entretien nous révèle même soudainement pouilleux alors que quelques minutes auparavant, dans les bois, nous étions en accord avec le cadre. Nous déjeunons sur les terrasses ou sous les abris, propriétaires éphémères et sans clef. Nous prenons possession des lieux comme des nomades qui ne laissent pas de traces. Personne n'aura la connaissance de notre passage, ce temps interdit sera un secret. Châteaux, propriétés bourgeoises ou modestes fermes devenues maisons de vacances : nous respirons l'esprit des lieux, ce qui se concentre là et que nous devinons, en vagues impressions, renvoyant peut-être chacun à ses propres souvenirs. Nous devenons des chiens ou des chats, nous cherchons une place.

/

Je me demande parfois ce qui m'autorise à penser que ce paysage de Dordogne que je regarde est bien d'ici, sans aucun doute, qu'il ne peut exister ailleurs. Car des morceaux de cette terre m'en évoquent d'autres ; nous pourrions effectivement parfois être ailleurs. Ce lac, suspendu dans une lumière matinale brumeuse, pousse à entendre les cris d'éveil d'animaux exotiques alors que ce ne sont que des chiens de chasse qui hurlent. Cette pluie qui s'abat dans un sous-bois, et le son qui rebondit lourdement, me transportent merveilleusement dans des forêts éloignées, aux épaisses et longues feuilles qui deviennent des rigoles à la saison des pluies. Ce moutonnement des cimes observées depuis une hauteur évoque les visions d'un voyage dans un autre monde, où l'on cultive en terrasse, où les brumes épaisses du matin sont chassées par un soleil écrasant.

C'est un sentiment récurrent lors d'un voyage lointain que de percevoir dans ce qui se présente une ressemblance avec les coins et recoins connus, comme si le paysage pouvait permuter sans cesse et qu'il existait une continuité possible malgré les distances. Pour ne pas rester figés derrière la paroi de verre du touriste – tout en nous posant la question : pourrais-je vivre ici ? –, en voyage nous cherchons souvent une intimité, un lien, même fugace, une reconnaissance. Ici, au contraire, j'ai parfois le sentiment que je suis en terre étrangère, comme si ce que j'avais aperçu ailleurs apparaissait et que des visions fragmentaires m'y ramenaient, comme si l'immensité était contenue dans cette portion de terre, non pas l'idée mais sa perception. C'est un effet de surprise, comme lorsqu'on a l'esprit occupé, qu'on regarde sans voir et que, soudain, l'image parvient au cerveau qui, le temps d'un instant, ne sait plus où il est, ni ce qu'il voit. Je projette ainsi ces images intérieures qui surgissent à leur rythme, elles se superposent sur le paysage qui devient tel que je le perçois. Pourtant je tente de quitter ce petit univers qui est le mien, j'aimerais embrasser, voir *réellement* ces lieux qui sont forcément uniques dans la conjonction de leurs éléments. Mais lorsque j'y parviens, les mots s'échappent face à la densité des choses, ils ne me sont d'aucune utilité. Je sens que cet instant n'est pas une histoire de mots, mais une présence sans mots. Il faut d'abord simplement tenter de se baigner dans la rivière.

L'étrange décision préalable de ne pas chercher la parole de l'autochtone sur son territoire, pour m'en nourrir et en faire des récits, provoque au cours de la marche une frustration teintée de culpabilité. Combien d'histoires m'échappent, d'existences pleines, de joies, de passions mortes et de rancœurs, qui sont la vie, ces secrets de familles et ces romans que je ne saurai pas mais qui animent tout ce petit monde, là comme ailleurs, mais ici, dans un endroit donné ? Les habitants n'impriment pas leurs paroles, gestes et silences dans ces paysages, et je ne peux les ressentir au travers de leurs mots et de leurs images. Malgré les conversations quotidiennes de la petite colonne, c'est une solitude face à l'existence pleine de l'arbre, de la colline, du champ, des plantes, du sous-bois, du ciel, face à une omniprésence immédiate. C'est peut-être l'absence de mots de ses habitants qui rend parfois ce territoire permutable, non identifiable avec certitude, comme si la nature était un tout d'un bout à l'autre du monde, cohérent dans ses différences, un continuum existant en dehors de nous qui devenons des fourmis perdues dans l'immensité. Et si je touche facilement de la main ce qui m'entoure, si je peux espérer une présence bénéfique en étant traversé, je ne parviens pas à enserrer un arbre en prenant l'acte au sérieux. Ce n'est pas seulement la voix sarcastique intérieure qui me juge, mais un fait évident : la nature est indifférente à l'homme, elle n'a pour lui aucune intention. Nous avons un rapport essentiel avec elle, elle nous permet de vivre, mais elle ne nous compte pas. Ce qu'on ressent de façon radicale en montagne, dans les océans, les déserts ou les jungles – les grands espaces – est ici identique dans son incroyable dureté. Le chêne m'ignore et je n'y peux rien.

Dans ce lieu, s'il s'agit de définir à partir de ce que j'éprouve, vois, entends et sens au fil des jours et plus tard, au temps de l'écriture, c'est une solidité, des terres grasses et des bois touffus, serrés et enchevêtrés, des frêles chemins dans lesquels nous nous frayons un passage. C'est un monde d'équilibres travaillés sans cesse et peut-être une tempérance particulière, entre la sauvagerie naturelle et le jardin qui creuse sa place, que l'on œuvre à maintenir non à la manière uniforme et dévastatrice des grandes plaines céréalières ou viticoles, mais plutôt grâce aux parcelles qui ont trouvé la bonne orientation et la bonne inclinaison, à la longue, par petits bouts insérés. Ces cultures ponctuelles figurent des frontières qui surprennent toujours lors du passage d'un bois à l'autre, de l'ombre à la lumière, du caché au découvert.

Le tracé passe d'un monde de courtes plaines aux vallons et fractures qui annoncent le Lot ; d'une platitude nue aux plateaux ouverts sur les vallées ; de terres travaillées par un abandon agricole et une résistance pour le maintien à celles parcellisées avec harmonie et parsemées d'anciennes maisons pimpantes ; de fermes dont le désordre est caractéristique de cette région aux demeures patrimoniales bien ordonnées. Avec parfois des îles étranges, comme ce golf, caricature verdoyante de perfection et de maîtrise avec son idéologie de tondeuse à gazon, où l'on éprouve le soudain désir d'être chef d'une armée conquérante de taupes.

J'ai bien conscience d'être en présence de ce que le barbu des grands canyons, Edward Abbey, amoureux de l'âpreté foisonnante des déserts de l'Ouest, désigne avec ironie la "belle nature", telle que la nomme l'opinion commune : "pastorale et verte, productive et plaisante et fertile". Elle est bien là, cette nature où se dessinent toutes les tentatives de maîtrise, de domestication et d'arrangements. Et pourtant apparaît sans cesse la vanité du combat et, même si l'enjeu est moins la persistance de la vie dans l'hostilité absolue, elle reste pleine et sauvage dans sa volonté de déprise.

/

Les odeurs des chemins sont vertes, fraîches, légères, rayonnantes, brunes, décomposées, lourdes, ancestrales, enfantines ; de quelques fleurs tardives, de bouses, de pins, d'humus, de feuilles, de labours, d'herbes, d'eaux sinueuses. Les derniers parfums de l'été meurent par touches, un à un ; le lourd acidulé de l'automne et ses odeurs chaudes traversées de froid montent de la terre qui attend la pluie, des sous-bois gagnés par l'ombre.

La terre foulée change : de l'auburn au rougeâtre ; du gris au marron noirci ; du calcaire caillouteux au clair sablonneux ; du vert tendre printanier à celui bruni, déjà en route vers la décomposition ; de la terre grasse à la terre sèche ; de l'humide et glaiseux au durci en roche ; du chemin herbeux à la fine trace oubliée des cheminements anciens ; de l'herbe vierge et gorgée de rosée au goudron bleuté ; de l'escarpé encombré de ronces aimantes, de repousses de châtaigners et de sensuelles fougères aux sous-bois profonds, épais, doux d'humus et de mousse qui presque avalent ; des champs labourés en profonds sillons à ceux quadrillés par les maïs décapités et les tournesols aux têtes noires qui penchent ; des pare-feu de lignes à haute tension, en orties, genêts et piquants inconnus aux molles croupes herbeuses et rondes collines ; des fonds de vallées noyés sous les arbres aux modestes sommets surplombant les masses vertes foisonnantes qui ne font plus qu'une seule terre. Sur ces chemins, le silence n'existe pas. Il est comblé de chants, de jappements, de meuglements, d'aboiements, de coassements, de coqs en échos, de paroles assourdies, de cris lointains ; il est rempli de craquements, de vrombissements, de lents mouvements bruissants, de chutes brusques, de vent dans les feuilles, d'agitations aux sommets, d'ondulations, d'eau qui se faufile, d'eau qui chute au creux d'un bassin ; il est traversé par des avions, des camions, des voitures, des tracteurs, des motos, des mobylettes, des pétarades ; sur ces chemins le sac couine, les tissus frôlent, les pieds tapent le sol et caressent la terre, le bâton frappe, la serpe tranche, les mains repoussent, arrachent, puis fendent.

/

Le long du tracé, des visages aperçus et des quelques rencontres, je retiens le sentiment d'une vie hors des représentations communes, lesquelles ne peuvent que vous ignorer ou vous réduire à une prétendue sagesse ancestrale, car elles ne savent pas dire le choix incompréhensible pour les habitants des centres nerveux de vivre en dehors du flux, le vœu de l'écart, de la dissimulation avec ses vertus espérées, de l'expérience du repli. Hors du bruit, en dehors du courant, peut-être est-ce pour ces habitants des campagnes une façon de pénétrer le silence et de quitter ce qui semble nous agiter comme des marionnettes.

Un matin, c'est un chasseur qui voulait faire du rugby et que sa famille a forcé à la musique, au saxophone, pour trouver une planque dans l'armée. Il ne joue plus. Nous sommes dans la petite cuisine de la grande maison qui surplombe une vallée. Il est un peu plus de 8 heures, mais il est déjà tard pour lui. Le café réchauffe dans une casserole, une guitare traîne dans un coin, *pour les enfants*. Sa parole résonne avec force dans la pièce puis laisse place à un silence épais, comme si le plus important se passait ailleurs et qu'il n'était pas besoin de le dire. Nous n'avons pas grand-chose à échanger, ou bien trop, un autre jour sans doute, mais nous passons un agréable moment avant de repartir marcher. Peut-être nous regarde-t-il par la fenêtre, en finissant son café, descendre de sa colline vers le lac.

Dans une maison isolée, un homme seul s'habille en femme et vaque naturellement à ses affaires, un sécateur à la main, loin de tout regard, dans le permanent spectacle d'un moi enfin réuni. Il ne nous a pas vus surgir d'un fourré. Nous observons sa silhouette mais restons à distance malgré la tentation de savoir.

Une fin de journée, un vieil homme intarissable s'accroche à moi, l'homme des mots. Il vit dans un lieudit nommé "La Cause" et lorsque je lui demande l'origine de ce mot, il en perd son latin en me rabrouant : *Mon cher enfant ! Mon cher écrivain ! Vous manquez de lettres ! De* causam, *en latin, le domaine !* Il voulait être archéologue et poète, il dut reprendre l'exploitation agricole pour sauver sa famille.

À une autre étape, un bel homme ascétique, à la moustache abondante et la distinction discrète, traducteur de l'anglais, qui vit depuis quarante ans en Inde, me raconte un pèlerinage à pied sur ce continent : 2 600 kilomètres que les marcheurs doivent précisément effectuer en trois ans, trois mois et trois jours pour respecter l'ordre et l'équilibre. Admiration et incompréhension me coupent la parole.

Un midi de plein soleil, ce sont des pompiers qui font la fête en famille dans la forêt, avec la force de l'évidence du groupe, des interpellations et des fausses engueulades, de l'alcool qui allume et éteint.

Un soir, nous avons besoin de retrouver le bruit d'un comptoir, une atmosphère jeune et musicale que nous rencontrons dans un village avec un très bon guitariste anglais, retiré par ici après une vie de clubs et de scènes, qui accepte d'improviser avec des jeunes débutants locaux en recherche de lévitation électrique. Toutes les personnes dans le bar se connaissent, cette chaleur-là nous fait du bien, nous réintégrons une part de notre vie.

Une nuit, nous dormons dans des caravanes moisies et ouvertes qui ne servent que durant l'été. Nous sommes au bord d'un lac, dans une guinguette tenue par un groupe de jeunes, couples et amis. Ils passent ici une partie de l'année et le reste au Sénégal, dans un autre coin éloigné, où ils ont monté un autre genre de guinguette qui fait hôtel. Ils l'ont édifiée avec les habitants du village auxquels ils veulent donner du travail en attirant des touristes respectueux, qui ne viendraient pas pour seulement s'évader et consommer. Les vieux de ce coin de Dordogne, et notamment les officiels, ne les comprennent pas toujours, mais ces jeunes migrateurs font finalement la même chose d'un côté à l'autre de la Méditerranée, ils composent pour maintenir une vie qui s'étiole sans activité ni travail. Ils ont un discours construit où l'économie n'est qu'une part, ils sont joyeux et travaillent comme des fous quand il le faut. Ils aiment ce lieu, veulent y bâtir quelque chose et participer au sauvetage, mais ils ont besoin d'en partir pour y revenir.

Ainsi nous croisons des hommes et des femmes dont on pressent une intériorité solide, harmonieuse, constituée par ce choix de l'écart, qui composent avec l'épaisseur concrète du temps à la campagne. D'autres, dont on perçoit la fragilité, sont arc-boutés sur cette décision, hantés par l'échec, moralistes et donneurs de leçons.

Ou, au sortir d'un bois, cette soudaine atmosphère de bayou : une maison en ruine encerclée par la végétation, un *mobil-home* gagné par la rouille, un hamac en suspension devant, un *pick-up*, des chiens enchaînés qui hurlent et ce que l'on suppose : un homme torse nu, au ventre mou, qui nous observe, caché quelque part dans cet effondrement.

/

Perdus dans un bois dense laissé à son abandon, tournant en rond parmi les troncs effondrés, nous nous retrouvons dans une semi-obscurité. Le bois est à l'état naturel, c'est-à-dire un chaos et une lente lutte pour la survie, une forme d'élimination impitoyable sans cris ni plaintes, une guerre silencieuse où tout pousse et meurt dans le désordre. Les arbres les plus vigoureux, qui l'ont emporté dans la vitalité, se sont déployés et nous cachent le ciel par leurs plus hautes branches. Il apparaît alors évident que la Création est une orgie que seuls l'enfouissement, le feu et la catastrophe régulent. Ou le travail des hommes. Nous sommes plongés dans le cycle : l'élévation nourrie par l'élimination et le pourrissement. À force de tourner, quelque chose nous avale dans ce bois, nous pressons le pas et nous devons à regret notre salut au lointain son d'une automobile, car nous aurions souhaité nous en sortir par nos instruments ou notre instinct.

Un peu plus tard, seul dans un sous-bois, assis au bord du chemin, en attente sous une frondaison de frênes, sur un sol ocre et brun de feuilles tombées, je regarde une lumière explosive entre deux nuages. Le silence est d'une densité cristalline, il est traversé par des chants d'oiseaux – la palombe et le geai – et de vifs froissements d'ailes. Entre la perdition dans le bois et ce temps sur le chemin, le lien d'intimité vient avec force. C'est un climat d'enfance, un éveil premier qui m'entoure et dans lequel je me glisse. Il n'y a d'abord aucun souvenir précis, puis je me souviens des longues marches de chasse paternelles – les silences et les bruissements, les branches qui giflent le visage et laissent des stries, une sensation d'alcool, saoulé par l'air, un épuisement, des chutes dans les fougères, le regard qui cherche le ciel au travers des cimes. Ce qui revient est un sentiment absolu de perte, et dans la fatigue une troublante ouverture à ce qui m'entoure, où se mêlent plaisir et danger. Dans ce sous-bois, je sens le petit corps dans le grand, il est toujours là, absent la plupart du temps, revenant cette fois-ci.

Je tente de garder en moi ces moments brefs et fragiles. Ils sont au cœur d'un rendez-vous éphémère. J'essaie d'entrer dans ce mouvement et cet univers en acceptant d'être traversé sans imaginer ce qu'il en adviendra, avec une forme d'abandon, en forçant au silence les petites voix de l'inquiétude, de l'absurde, de l'ennui que l'on fuit, avec l'espoir qu'une formulation se révélera plus tard. Me voilà chevalier de l'attention, dans l'attente du lieu.

/

La gamine s'était mis en tête de séduire son animateur dans le chemin lointain d'une sierra espagnole. Ce jour-là, au vu de l'échec des précédentes manœuvres, elle simula l'arrêt cardiaque en se plaignant d'une douleur soudaine dans la cage thoracique, très précisément à l'emplacement du cœur. J'avais repéré son manège depuis plusieurs jours mais, seul avec le groupe d'enfants, je me suis mis à craindre le pire et j'envoyai l'un d'eux prévenir ceux qui nous suivaient. Il partit en courant et, chemin faisant, la crise cardiaque devint sans doute un diagnostic définitif. J'installai la gamine à l'ombre et, ne sachant quoi faire et malgré mes doutes, je fis ce qu'elle espérait : attendre en lui tenant la main.

Jean-Luc avait choisi de monter le plus bel étalon de la colonie de vacances pour accompagner le second groupe d'enfants. Son rapport aux chevaux était de l'ordre de la domination amoureuse. Il lui fallait s'imposer à eux et, par la brutalité, atteindre directement le cœur de la bête pour révéler la beauté intense de leur échange. Après quelques jours, commençant à le connaître, je me disais que sa rudesse, sa façon de toujours trancher dans le vif, sa sécheresse dans les échanges et même son visage taillé au couteau cachaient mal une fragilité et une incandescence qui se révélaient parfois dans un rire ou un regard désemparé. Nous avions une inquiétude commune et, là où je m'en sortais par le rire, il choisissait une forme de violence. Il avait à cette époque une forte ambition politique et m'avait raconté son plan de conquête du pouvoir. Il était animé par l'envie de servir tout autant que par une sorte de désir napoléonien qui supposait l'écrasement des médiocres.

Quand l'enfant que j'avais envoyé le retrouva et lui annonça la crise cardiaque plus loin sur le chemin, il enfourcha à l'instant l'étalon et partit au galop pour aller chercher du secours. En route, pour aller plus vite, il enleva la selle et monta à cru. Quand il arriva, lancé comme une balle dans la cour intérieure du domaine où nous logions, il ne put arrêter le cheval et ils s'écrasèrent ensemble contre un mur. La bête lui tomba dessus en lui fracturant une jambe. Dans l'agitation, personne ne fit attention à l'étalon qui, une fois sur ses pattes, but longuement de l'eau glacée.

La gamine se releva : elle allait mieux. J'étais furieux, j'avais envie de la laisser seule dans la sierra se débrouiller avec sa maladie d'amour juvénile, mais nous sommes repartis pour rejoindre le domaine et prévenir tout le monde que finalement non. À notre arrivée, Jean-Luc était déjà à l'hôpital et l'étalon dans son enclos. Même si elle s'accrochait en désespoir de cause à la douleur réelle qu'elle avait ressentie, il ne fallut que quelques mots pour faire comprendre à la gamine la portée de certains actes. Je passai ensuite un moment avec ce cheval noir dont la finesse musculaire et la beauté étaient fascinantes. Personne ne l'avait essuyé, ses poils luisaient encore de la sueur de la course.

Jean-Luc revint armé de béquilles, une jambe dans le plâtre. Sa passion absolue, l'équitation, était à oublier pour de longs mois. Il gardait le menton relevé et affichait un rictus ironique en faisant comme si de rien n'était. Il s'inquiétait du cheval. Encore une fois, je supposais qu'il souhaitait garder pour lui seul ses pensées intimes. Je m'en voulais de mon erreur d'appréciation, mais il ne m'en tenait pas rigueur. Il balaya cela d'un revers de main. Dans cette course effrénée sur l'étalon, il avait sans doute vécu une charge héroïque, une de ces cavalcades intenses pour lesquelles il pensait être fait. J'avais le sentiment que le reste importait peu. Il avait connu un temps urgent de bonheur absolu, seul sur le chemin. Il avait fait corps avec la bête.

Je n'osais pas lui parler de l'animal et encore moins des conclusions du vétérinaire venu au lendemain de l'accident. L'eau glacée avait provoqué un choc interne irréversible, une pneumonie foudroyante. Le cheval allait littéralement pourrir de l'intérieur. Quand nous sommes allés le voir dans l'enclos, il était immobile, amaigri, respirant avec difficulté, la crinière devenue grise, les poils cassants, affaissé sur lui-même, le regard déjà absent. Je les ai laissés seuls. Jean-Luc est resté longuement face au vieillard, dans le box, en s'adossant à la paroi en planches. Nous n'en avons jamais reparlé. L'étalon est mort quelques jours après, mon ami a quitté la colonie. Il a ensuite traversé une longue dépression, abandonné l'idée politique et changé de vie. Le silence s'est progressivement épaissi entre nous. Je ne l'ai revu que des années plus tard, dans une maison en Bretagne, entouré par sa femme et ses enfants.

/

De la marche on fait souvent l'apologie d'une lenteur à rebours de la rythmique endiablée du monde moderne. La vitesse et la mobilité généralisée dominent, la machine nous emporte dans un mouvement qui nous dépasse même si nous pensons toujours le maîtriser. De plus en plus la virtualité nous éloigne. De là, dans la marche, découleraient une forme de sagesse, un rendez-vous tant espéré avec les éléments, une réintégration.

Lorsque nous les croisons sur les petites routes, de fait, les caisses métalliques nous deviennent de plus en plus étrangères et nous en ressentons une vague puissance morbide. Notre différence avec les engins motorisés est évidente, mais la marche est elle aussi d'une étonnante rapidité. Elle a sa fugacité et son propre défilement, à l'échelle du marcheur. Les champs s'éloignent, d'autres s'approchent ; la terre monte et le paysage s'offre depuis les hauteurs ; les vallons viennent avant que nous y pensions ; les kilomètres s'additionnent, le temps retrouve toujours une consistance et un découpage. Une heure de marche devient ainsi étonnamment brève. Nous passons, moins vite que les engins mécanisés, mais nous ne faisons que passer. La réelle différence se situe peut-être ailleurs, car au fil des jours nos repères s'inscrivent dans la distance visuelle – d'un point à l'autre – que nous convertissons nous-mêmes en durée. Notre corps vient au premier plan, il est l'outil que nous sentons en permanence habité par le souffle. Nous sommes des machines animées, de muscles, de sueur, de sensations ; il nous faut tout autant écouter qu'arracher le mouvement par la volonté.

En marchant, la lenteur se révèle sans fin, elle est toujours repoussée. Il faudrait peut-être simplement ne pas bouger d'un lieu pour espérer le connaître, et encore faudrait-il faire avec le vertige de l'immobilité et une contradiction essentielle : le paysage n'est pas immobile et statique. En France, la Terre tourne sur elle-même à 1 100 kilomètres à l'heure, autour du Soleil à 108 000 kilomètres à l'heure et notre système solaire autour de son centre à 774 000 kilomètres à l'heure. Cette nature que nous voyons est tout autant en mouvement, selon ses propres cycles. Elle grouille, vit, s'élève et se rabaisse, s'étend et se restreint, se déplace.

Le paysage est animé et l'impression d'inertie ne traduit que l'incapacité à s'en saisir.

À moins que sa grande force naturelle ne soit la halte éphémère, ce temps où la contemplation permet de reprendre souffle, peut-être que la marche procure une allure et un mouvement ancrés dans les profondeurs, une sensation d'avoir trouvé un rythme autorisant parfois des coïncidences avec le sol et les éléments qui nous entourent, que nous percevons de façon fragmentaire. C'est un rythme de perception qui s'impose et trouve une adéquation avec le paysage dans la distance et le temps. Être bipède relève du temps long, être mécanisé du court terme, ce n'est peut-être que cela. Le corps redevient la mesure. Nous sentons ainsi que nous avons trouvé cette sensation de vivre concrètement, un rythme dans notre propre corps, en accord avec ce qui nous entoure. Une dissolution de soi est à l'œuvre. C'est un rythme basique et binaire, ouvert et résonnant.

/

Dans un champ de maïs aux longues tiges sèches et craquantes, aux feuilles coupantes, nous avançons chacun dans une rangée, apparaissant puis disparaissant entre les lignes. Le sommet de la colline nous élève au-dessus d'un paysage parfaitement rassurant, comme une imagerie, tout en molles croupes herbeuses parsemées de touffes de forêts.

Un grillage barre le bout du champ. Derrière la clôture, une troupe de cochons visiblement affamés se précipitent vers nous. Ils hurlent plus qu'ils ne grouinent, du guttural caverneux à l'aigu déchirant, entassés les uns contre les autres. Ils se bousculent, s'entassent, se marchent dessus presque, comme un corps unique qui se recompose en permanence. Le cochon a toujours quelque chose de comique dans son trottinement, peut-être en raison des tressautements graisseux et des oreilles battant la cadence. L'œil humide de cet animal inquiet et fragile m'a toujours ému. Mais là, seuls face à la troupe de gueules ouvertes, les cris nous tétanisent bientôt et le rire laisse la place à un sentiment plus lourd, plus primal : une angoisse de dévoration s'il n'y avait cette barrière. Un bouc mythologique surgit – hautain, barbichu, avec des cornes magistrales en spirales, un œil noir et, pour tout dire, diabolique. Il s'avère être le gardien des bêtes dans cet endroit isolé. Soudain, il s'élance tête baissée et frappe de son front le flanc des cochons, les uns après les autres. Il exécute sa besogne calmement, prenant son élan, fonçant puis repartant, indifférent aux cris de douleur des animaux que nous prenons logiquement en pitié. Il affirme ainsi son pouvoir de garde-chiourme, cognant et cognant sans cesse. Puis il se met en retrait, inspectant la piétaille devenue docile à force. Il avance alors à petits pas, regarde, choisit et cette fois lèche de sa longue langue râpeuse et blanchâtre le flanc d'un des corps roses et doux. Nous n'osons pas encore imaginer la suite et voyons encore là un geste de parfait sadique, la douceur après les coups. Mais il monte soudain sur un cochon, prend position en coinçant les flancs entre ses pattes et s'active, l'arrière-train en soubresauts, les cornes tendues vers le ciel. Par besoin d'une cohérence stupide dans le chaos qui s'ouvre, nous décidons que la victime est une truie. Il la délaisse mais bientôt répète la chose avec une stratégie identique, toujours sur la même prisonnière, l'élue malheureuse qui cherche sans y parvenir à se dissimuler dans la masse des corps. C'est un bouleversement de la logique élémentaire des espèces, une vision apocalyptique dans un paysage serein, une luxure indifférenciée et contre-nature qui nous plongent en enfer avec le bouc éternel. Mais cette scène maudite apparue dans la campagne française est à réinterpréter, car l'union entre les deux bêtes est physiologiquement impossible. Ces deux sexes ne sont pas compatibles. Outre un pis-aller d'excitation sexuelle pour le bouc solitaire, il y avait donc surtout là une affirmation supplémentaire du pouvoir de domination. Les coups, puis le sexe : la nature est bien faite.

En quittant le lieu de la violence, je parie sur la naissance dans cet enclos d'une coalition cochonesque qui détrônerait le dictateur. De lui ne resterait un matin sur le sol, après une nuit sauvage de dévoration, que les cornes en spirales sucées jusqu'à l'os.

/

Peut-être en raison du supposé magnétisme du 45e, un célèbre centre bouddhiste se trouve sur notre chemin. Les adeptes que nous croisons, concentrés sur eux-mêmes, touchés sans doute par la passivité active recherchée, sont indifférents à notre passage. Le Supérieur nous salue poliment à travers la fenêtre de son 4x4 et nous quittons le domaine par un champ, accompagnés du doux son des drapeaux de prières caressés par le vent. Après avoir franchi la Vézère en canoë, avec un passeur bienveillant et protecteur, nous atteignons un antre où la représentation de la féminité l'emporte. La petite vallée de Castel Merle est connue pour ses vulves gravées sur le calcaire, dans les abris sous roche.

Dans ce lieu extraordinaire nous est expliquée la théorie des deux glaciers, celui du nord et celui du sud, du corridor qui les a séparés en offrant une possibilité de vie pour les hommes. C'est autour de la ligne coïncidant avec le 45e que les ancêtres se sont installés. On retrouve leurs traces peintes, gravées et sculptées dans les centaines de grottes, cavernes et abris qui font la notoriété internationale de ce Périgord dit “noir”, des Eyzies à

Lascaux. Un lien impalpable nous y relie et peut parfois provoquer le vertige. Un homme de notre temps, peintre et écrivain, François Augiéras, aux fulgurances dorées, vint lui aussi s'installer dans la faille et on le surnomma en conséquence *le dernier homme primitif.*

Je ne sais la valeur historique de cette théorie du corridor, mais sa simplicité enfantine ne peut que séduire les marcheurs du parallèle. Après les glaces qui reculèrent peu à peu, une terre désertique et accidentée émergea voilà plus de 20 000 à 40 000 ans – les rennes venant de Brive pour rejoindre les Charentes passaient par là – et laissa plus tard la place au foisonnement de végétation qui nous entoure ce soir-là. Nous ne parvenons pas à imaginer cette Mongolie de Dordogne au temps de Cro-Magnon. Je savais déjà la symbolique de ce parallèle à égale distance de l'équateur et du pôle Nord, et tout nous dit que nous marchons sur une terre malgré tout épargnée par les températures extrêmes, avec ses quatre saisons, ses terres fertiles et ses eaux abondantes. L'image de ce lointain corridor conduit certains à l'interprétation mystique du parallèle nord : entre le feu et la glace, la lumière et les ténèbres, il serait ainsi une ligne de sagesse bénéfique.

Mais dans cette petite vallée, le parallèle se dote ce soir-là d'une autre signification. À la trentaine de sexes féminins gravés ici s'ajoutent dans d'autres grottes proches autant de Vénus que de phallus. De sorte que ces représentations nous encerclent et peut-être transmettent-elles des ondes : le 45e devient une ligne brûlante qui accompagne l'émergence et la permanence de la vie et du désir, dans la nature et chez les hommes. Nous décidons ainsi d'allumer un feu au creux de cette vallée, nous nous regroupons autour des flammes qui s'élèvent dans l'obscurité.

Il nous faudra un peu de temps pour trouver cette nuit-là tempérance et sommeil. Peut-être est-ce dû à notre arrivée hors d'haleine, après une journée de course dans les bois afin de ne pas rater les rendez-vous du bateau et de la clef du site. L'esprit sportif l'avait emporté, nous devions avancer et ne pas musarder : aux oubliettes le projet poétique, place à l'inquiétude et l'efficacité. La marche a toujours de ces moments d'emballement et de rudesse physique, où le cerveau est gagné par le muscle, où l'on retrouve un agenda citadin.

/

Au fil des jours, la drogue que l'on sécrète s'avère puissante, elle nous satisfait. L'effort devient bon et l'épuisement apaise. Nous trouvons un oubli dans la dépense, comme un navire se déleste en pleine mer. La vie se révèle simple et essentielle. À chaque jour sa mission : aller d'un point à un autre ; se lever à un point A, marcher et arriver à un point B avec le seul souci de s'immerger le plus possible dans l'acte. Nous regardons les cartes, le tracé, les encombres possibles, les haltes, et nous nous lançons. Même si les mygales, les ours ou les lions ne risquent pas de nous surprendre, voire de nous tuer, il nous semble quand même qu'il s'agit là d'une forme d'aventure. La marche devient un travail absolu qui occupe les jours, une répétition rassurante, un mouvement permanent qui nous transforme en nomades sortis de nos vies. Nous sommes socialement en suspension, en récréation, et presque plus rien d'autre, sinon le repas chaud du soir, ne compte. L'alternance d'épuisements et de souffles retrouvés joue son rôle. Les pensées cheminent lentement ou volètent comme des papillons, nous sommes à la fois absorbés par l'extérieur, par nos sens qui retrouvent là une fonction animale et nous plongeons par ruptures aléatoires dans notre vie intime, avec des liens tout à fait mystérieux entre cet extérieur et cet intérieur.

/

Un ouvrier bordelais du Gaz, un marcheur excessif, m'occupe depuis longtemps. J'ai écrit sur lui à de multiples reprises et d'une manière ou d'une autre, lorsque je marche, il est présent. Autant poétique que pathétique, Albert Dadas sillonna l'Europe et au-delà, voilà plus d'un siècle, en partant de Bordeaux, ma ville natale. Il fut un parfait errant, heureux et malheureux de l'être, rêvant de normalité sédentaire et sans cesse partant sur les routes, premier touriste pathologique diagnostiqué au monde, en 1882. Ce bonhomme me trotte dans la tête, tout comme son déterminisme, son acharnement à marche forcée, sa mélancolie ponctuée de joies enfantines, sa fuite incessante dans laquelle j'ai reconnu un mouvement, une tension permanente entre le sédentaire et le nomade qui provoque parfois chez moi une hésitation dans l'existence, cet écartèlement entre rester et partir qui traverse chacun, à laquelle on tente de trouver une réponse. Même si les performances sportives d'Albert rabaissent notre parcours à une promenade de débutants – il pouvait marcher 80 kilomètres par jour avec de simples godillots aux pieds –, c'est son élan involontaire qui me fascine. Il quittait son domicile dans un état inconscient, marchait comme un forcené vers une destination aléatoire, se réveillait ahuri, en chemin, mais décidait alors de poursuivre car il aimait le défilement du paysage. Il était traversé par un quelque chose qui le dépassait, que je ne parviens pas à réduire à la seule maladie mentale.

Un autre homme, dans un village que je connais bien, marche également tous les jours de l'année, avec ou sans gabardine, à un rythme soutenu, l'œil fixe et impénétrable. Il est lui aussi un marcheur ultime. Parfois il adresse un salut, quelques mots. D'autres partent nus ou avec un petit sac, quittent leurs vies, foncent en rectiligne, sont arrêtés par la mer, la déchéance soudaine, ou bien finissent à l'hôpital. Parmi tous ceux qui disparaissent chaque année, combien partent à pied ?

Il y a également ces randonneurs du dimanche que nous croisons parfois, bien équipés, aux tenues de compétition *techniques* ; ces retraités qui s'offrent un bain de lenteur ; ces adeptes des méthodes nordiques dont la démarche mécanique découpe l'air à grands traits ; ces promeneurs d'un jour de digestion ou ceux qui se rééduquent ainsi après un accident ou une maladie pour récupérer leurs forces et leur allant ; ces marcheurs au bâton, en quête intérieure ou en défi physique sur le chemin de la Coquille, croyants ou non, qui empruntent la voie spirituelle à la suite de centaines de milliers d'autres ; les hommes et les femmes qui cherchent le balisé et d'autres l'inconnu du sentier.

Sur le chemin, nous évoquons à peine sinon à demi-mots ceux qui fuient les guerres et leurs vies passées, qui traversent avec le GPS de leur téléphone portable, en habit de ville, la mer, des étendues désertiques et des forêts inconnues, vers la Turquie, la Bulgarie et d'autres pays sur la route de l'Europe. Nous y pensons et nous n'y pensons pas. Que pouvons-nous dire là, sur ces chemins que nous essayons de cultiver, de leur nécessité qu'ils tenteront d'oublier au plus vite ? Je repense à ces gilets de sauvetage abandonnés que j'ai vus chaque jour d'un été sur cette île grecque ; à des personnes rencontrées le long du fleuve Évros, à la frontière gréco-turque ; à d'autres dans ma ville qui ont ainsi traversé à pied les frontières. Chacun, durant la marche, nous pensons sans doute à ces images de bateaux à la dérive et de corps échoués sur les plages, mais les mots s'arrêtent quand la conversation vient sur eux, le sentiment d'inutilité d'une parole, la nôtre à cet instant-là, l'emporte.

/

Une herbe rase maintient toujours la trace sur ces chemins foulés pendant des siècles et cette terre tassée par les pas ne s'efface pas. La végétation tente de les recouvrir, mais elle n'y parvient pas. Ces chemins abandonnés, qui reliaient des villages, des hameaux et des maisons isolées sont peuplés d'ombres. Ils complètent les fermes en ruine, les champs délaissés, les forêts rendues à elles-mêmes. C'est une désertion lente, car ces chemins ne servaient pas à la promenade. Un jour, une dame âgée, répondant à la question sur un sentier aperçu, conseille de ne pas l'emprunter car, ainsi qu'elle le dit joliment, *après il n'y a rien*. Il est toujours possible qu'un chemin n'aboutisse à *rien* mais nous retrouvons cette fois-ci une trace et une issue. Nous avons le sentiment de leur redonner vie le temps de notre passage, une vie aussitôt effacée car trop légère et furtive. Même si je suis persuadé qu'ils sont les meilleurs, qu'ils ont fait leurs preuves et qu'ils sont dignes de confiance, j'ai la sensation de marcher sur des tracés anciens devenus indéchiffrables. Ces chemins sont bien des ruines, populaires, douces et discrètes, des vies de passages. Ils surprennent au milieu des écroulements de forêts et nous les empruntons, à l'écoute.

/

Dans cette nature qui peut saisir par sa beauté, dans un sous-bois traversé de rais de lumière, à la tombée d'une nuit où les oiseaux chantent une dernière fois, je ne peux que penser aux destructions en cours ailleurs, aux pollutions connues, aux meurtrissures qui éliminent impitoyablement des pans entiers de vie physique, à cette Méditerranée dans laquelle je me baigne chaque année et qui par moments m'apparaît vide de vie, comme de l'eau propre dans une baignoire moussue. Cette petite nature réconfortante et vivace que je trouve ici me renvoie à celle en péril dont on parle à longueur de journées sans que le mouvement engagé ne s'arrête. Il provoque l'inquiétude souterraine d'une lente apocalypse venant pas à pas, par petites touches et disparitions successives. Mais là, durant la marche, face à cette force impitoyable et à cette lente et permanente explosion vitale qui enchantent, l'extinction semble impossible. Un matin, en quittant à regret la petite vallée où nous avons dormi, nous grimpons sur un chemin bordé de chênes, un cerf surgit à une trentaine de mètres. Ses bois sont immenses, il est posé sur le bout de ses sabots, son corps est tendu ; il ne reste ainsi que quelques secondes, nous observant de sa hauteur avant de disparaître d'un bond. Plus tard, dans une descente confuse hors sentier, des marcassins déboulent et filent comme le font les sangliers qui, ramassés sur eux-mêmes, fendent toujours la forêt en ligne droite. Craignant la mère, nous nous cachons comiquement chacun derrière un tronc durant de longues minutes, dans l'attente. Ce ne sont pas là que de naïfs ébahissements de citadins devant le spectacle d'une nature romantisée : nous croisons une vie jaillissante et secrète qui nous éveille.

/

Un poète rencontré en chemin, Paul Placet, ami et chantre de François Augiéras, bel homme âgé, élégant, à la chevelure blanche et hasardeuse, me dessine sur une feuille, un soir de bivouac, un croquis que j'ai gardé. Nous évoquons le 45e, il déclare avoir quant à lui choisi un tracé aérien, une élévation au-dessus des terres afin de suivre un droit chemin imaginaire. Il trace sur le papier des lignes, un triangle magique, d'invisibles présences et figure ainsi une perfection : un homme marche sur un fil tendu dans le ciel, entre deux tumulus (Les Eyzies et Borrèze), le long du méridien. Le jour de l'équinoxe, le 20 mars, à midi pile, en un point où se croisent les lignes provenant des principaux sites d'origine de l'humanité dans le couloir entre les glaciers, cet homme suspendu offre une génuflexion. Il cumule alors les équilibres et les partages, rend un suprême hommage à la nature centrale et à son ordre méconnu par les hommes. Le poète me regarde longuement avec tendresse, il espère que je le comprends.

Dans le gymnase où nous allons passer la nuit – un lieu totalement en décalage avec cette hypothèse poétique qu'il me dessine au stylo –, le poète dont le visage est traversé par la douceur m'apparaît en parfait scribe d'un ordre supérieur, homme hors du temps qui cherche seul la présence et la vérité imaginaire comme un autre cherchait la liberté libre. Nous le raccompagnons avec amitié, il nous quitte dans la nuit à pas légers.

/

À pied, on arrive dans un village comme dans un port en bateau. Nous venons d'un désert vert et n'avons croisé pendant des heures que de lointaines bâtisses. Vu des bois et des champs, l'instinct grégaire de l'homme est frappant, là comme partout ailleurs. Je ressens la très ancienne crainte que suscitait cette nature où nous nous promenons, d'où venaient tous les dangers, hommes et animaux. À l'opposé de l'étalement continu des abords de ville, dont la platitude semble infinie, les villages ici figurent des pyramides de cubes en pierre claire qui, inégaux et tassés les uns contre les autres, s'élèvent pour souvent finir dans la pointe d'une église. Le village protège. Mais vu de loin, en chemin, par apparitions intermittentes, le paysage est aussi ponctué par ces fermes et maisons isolées qui apparaissent en pointillés. Elles disent tout autant ce qu'est cette campagne, habitée, jamais réellement en rupture, mais en tension avec une nature et un environnement qui ne sont pas, comme ailleurs, essentiellement dangereux.

À l'approche d'un village, un clocher apparaît ainsi entre les arbres, des toits de tuiles, parfois un château, quelques maisons à distance du bourg, certaines cachées par des haies et d'autres posées sur un jardin propret, puis le panneau blanc rectangulaire avec le nom du lieu, les premières habitations, serrées frileusement les unes contre les autres, une rue qui s'ouvre et monte vers la petite place centrale. La perception est progressive. Nous ne croisons pas ce jour-là de maisons de retraite, maintenant rebaptisées "Ehpad", qui, avec les centres accueillant des enfants malades, parsèment la campagne et constituent la nouvelle ressource financière des villages. Quand, au sortir du sentier, nous sommes tombés sur la route, en sachant la distance qui nous restait, quelque chose s'est relâché dans les muscles. Nous avons soufflé avant le dernier effort – sans doute le désir d'arriver présentables chez les humains. Ni suants, ni dépenaillés, ni visiblement épuisés, mais avec une allure tranquille et rassurante, une politesse de voyageur. Après un grand virage, la route monte légèrement vers le bourg et forme une courbe douce. Les premières maisons semblent fermées. Certaines gardent les volets clos, d'autres sont aveugles derrière leurs rideaux. Peut-être que quelqu'un nous épie dans cet étrange silence. Nous cherchons nos semblables, mais la vie se cache. Deux maisons sont à vendre, nous en verrons d'autres. Il y a quelque chose d'hébété, comme si le village et la campagne n'en revenaient pas de cet abandon.

Une lourde pétarade se fait entendre, un tracteur brinquebalant surgit et nous frôle. Son conducteur sous salue, l'engin disparaît. Il n'y a apparemment pour l'instant personne dans les petites rues que nous dépassons. De cette vibration inquiète me vient l'image d'une progression prudente, car un danger nous guette alors que nous arrivions avec l'espoir de la halte et, peut-être, de rencontres chaleureuses. Quelques sons quand même nous parviennent, à force, comme s'il avait fallu nous acclimater. Un chien, des casseroles, une radio, un appel, des voix confuses. Nous arrivons bientôt au triptyque français : la mairie, l'école, l'église. Puis sur la petite place avec des platanes qui heureusement n'ont pas été taillés jusqu'à cette amputation saisonnière qui les réduit à des moignons qui pleurent. La pierre des bâtiments a été joliment grattée, l'église est resplendissante, des bacs de fleurs jalonnent les trottoirs. Le village est propre, nul doute qu'il est apprécié à la saison estivale, mais nous pressentons qu'il n'est pas totalement dévolu au tourisme. Nous nous asseyons un instant pour poser les sacs qui tirent sur les épaules, boire, fumer et regarder autour de nous comme de naïfs entomologistes. Nous nous sommes arrêtés et les rues semblent retrouver leur rythme précédant notre intrusion, la vie réapparaît. Une femme sort d'une maison et entre dans une autre, un homme âgé marche lentement sur un trottoir, deux autres femmes s'interpellent, quelques voitures passent. On nous observe avec curiosité mais sans animosité. Les villageois sont maintenant habitués à tous ces randonneurs qui arrivent de nulle part, bizarrement, chez eux.

La porte en verre de la petite boulangerie s'ouvre en déclenchant un léger tintement qui ouvre une brèche spatio-temporelle. Ça sent bon le pain et la chocolatine, un parfum chaud et craquant de farine. Nous regardons la vitrine avec gourmandise, nous redécouvrons viennoiseries et pâtisseries. Une boucherie, un petit commerce qui vend un peu de tout, un coiffeur : le village est bien fourni. Il résiste et n'est pas encore devenu un lieu seulement voué à l'habitation éphémère et au sommeil des travailleurs urbains. Il y a même encore un bistrot qui nous appelle. Le patron est accoudé à son comptoir comme s'il était un client. Deux hommes sont assis face à face autour d'un verre. Une jeune femme apparaît dans un couloir, puis disparaît. Nous saluons. Les sacs sont posés dehors et après avoir commandé, nous nous asseyons à l'extérieur, sur la petite terrasse en bord de rue. Nous allons boire une bière ou un verre de vin, et fumer dans la journée qui s'achève. Nous allons regarder ceux qui passent, comme si nous étions d'ici et que nous nous laissions glisser dans la peau des sédentaires locaux.

Puisque vivre à la campagne signifie monter dans sa voiture plusieurs fois par jour, les véhicules traversent à intervalles réguliers le village. Nous observons les visages derrière les pare-brise sans rien en imaginer. Lorsque je passe dans un bourg inconnu et que je vois quelqu'un assis sur une chaise à l'extérieur ou debout à ne rien faire, j'adore lui lancer un grand salut amical. En général, il répond, intrigué, au cas où, et je me dis que dans les minutes qui suivent, il va chercher dans sa mémoire qui peut bien être ce type qui semblait le connaître. Cela passe le temps. Des hommes viennent peu à peu dans le bistrot à cette heure de l'apéritif qui s'annonce, d'autant plus en période de chasse. Une femme s'immisce dans l'atmosphère masculine. Il n'y a pas de rendez-vous, mais la légère surprise qu'on exagère ici amicalement, comme s'il était vraiment étonnant de se voir là, depuis le temps... depuis avant-hier. L'un de ces hommes est un assidu – ici comme ailleurs, il y en a toujours un. Même si l'on fait semblant, avec lui, pas de surprise. Il écluse consciencieusement et fait semblant de suivre les conversations. Il rentre ensuite seul en titubant, ou quelqu'un le ramène s'effondrer chez lui. Les hommes se parlent, le ton monte : il va peut-être se passer quelque chose.

Nous gagnons ensuite l'endroit convenu pour dormir et nous retrouvons notre comité d'accueil quotidien. Ce soir, c'est une cour d'école herbeuse, avec toilettes et douche. Nous pouvons réchauffer les plats dans la cuisine du réfectoire. Une joie partageuse anime la troupe. Nous buvons et fumons encore en échangeant avec ceux qui sont venus. Je cherche les regards plutôt que les paroles, je me force au silence pour entendre quelque chose d'ici. En contrebas de l'école, un jardin tenu par une association accueille des personnes qui ont besoin d'entrer à nouveau en contact avec elles-mêmes. Elles le font en touchant la matière, en répétant les gestes, en cultivant, en observant la nature et en se répartissant les tâches dans le groupe. En contradiction avec la première impression lors de l'arrivée au village – une forme de désertion –, je prends conscience de son épaisseur humaine, même si je sais ne rester qu'à la surface. Les rues ont perdu leur étrangeté voire leur inquiétude, le vide a laissé la place au plein.

Ensuite tout le monde rentre chez soi et nous sommes seuls. Nous mangeons dans le froid qui monte. Le ciel est immense d'étoiles. Quelques dernières voitures, puis le silence et les sons de la nuit, de l'autre vie qui s'ouvre. Les frissons nous poussent vers les duvets maternels et chacun s'évade dans son livre.

Nous nous levons dans la fraîcheur et l'humidité pour retraverser le village et son matin affairé – quand les habitants sont pris par une hâte énergique –, chercher notre direction entre les *mobil-homes* d'un camping désert, franchir deux clôtures, longer un étang et trouver le sentier.

/

Au sud du pays, sur la petite route bitumée qui surplombait l'oued, l'homme passait devant eux, faisait demi-tour plus loin, puis repassait. Ils étaient assis tous les deux sur un bout de rocher, attendant depuis trop longtemps le chauffeur qu'ils avaient payé pour les récupérer avant la nuit et les ramener en ville. La voiture passait au ralenti, l'homme les regardait avec une indifférence intrigante.

Elle était venue dans cet endroit tous les étés de son enfance, jusqu'au refus à la fin de l'adolescence. La maison de parpaings était posée au milieu d'un champ d'oliviers que ses parents faisaient exploiter par un voisin. Des fers à béton s'élevaient du toit, comme sur de nombreuses autres maisons du pays, et laissaient imaginer que peut-être, un jour, un premier étage compléterait l'habitation qui deviendrait alors une vraie villa de vacances au lieu d'un modeste carré de ciment. L'été, seules les mouches semblaient survivre sous le soleil écrasant. Il n'y avait rien d'autre à faire que de les compter. Le matin ou en fin de journée, elle montait un âne à cru avec ses sœurs et ses cousines, seule distraction vaguement autorisée. Dans ce jardin où poussaient quelques orangers, elle était un jour tombée dans le puits en marchant sur la margelle, y tournant en rond puisqu'il n'y avait rien d'autre à faire. Un cousin l'avait sauvée et avait gardé le secret. Elle fut hospitalisée, mais plus tard, de retour en France, contaminée par les bactéries de l'eau du puits. Elle n'avoua rien.

Ils avaient passé une sorte de journée commémorative. Il découvrait un lieu de son enfance où elle n'était pas revenue depuis de longues années. Ils avaient marché sur la terre sèche, vu quelques endroits recouverts par la végétation, s'étaient promenés au bord de l'oued et, dans une petite maison du village, avaient mangé avec une vieille femme, dont elle se souvenait, qui leur avait préparé un magnifique poulet surplombé d'une pyramide de frites. Elle ne voulait pas rester plus longtemps, elle n'avait pas le goût de la nostalgie, d'autant plus quand celle-ci la ramenait à ses souvenirs de long ennui. Le chauffeur de la ville dans laquelle ils logeaient avait promis de revenir en fin de journée, mais il ne se montrait pas. Des 4 x 4 conduits par des Blancs passaient en trombe en direction du désert. Leurs passagers les regardaient, sans doute intrigués par ces deux touristes posés au milieu de rien, au bord de la route, mais ne s'arrêtaient pas. Eux allaient, de toute façon, à l'opposé des treks et des raids.

Au septième passage au ralenti de l'homme, il avait levé la main en lui demandant s'il ne se rendait pas, par le plus grand des hasards, dans la ville où ils devaient arriver avant la nuit. L'homme avait réfléchi. Oui, il pouvait leur rendre ce service. En raison du rapport délicat entretenu dans ce pays avec la police, il emprunterait toutefois un chemin détourné, car il n'était pas officiellement chauffeur de taxi. Transporter ainsi des étrangers aurait pu laisser penser qu'il travaillait clandestinement. D'autant que sa voiture était vieille et qu'il ne pouvait normalement aller trop loin. Ils étaient d'accord, cela allait de soi. Au sortir du village, ils s'engagèrent sur un chemin sablonneux et caillouteux en mauvais état, qui s'en allait entre deux montagnes, visiblement opposé à la direction logique de la ville. Ils n'auraient pas dû prendre cette piste, le chemin n'était pas le bon. La route était beaucoup plus directe, s'inquiétait le compagnon sans faire partager ses pensées. En se remémorant une mésaventure passée, il se demandait s'il fallait vraiment toujours faire confiance à l'inconnu.

Elle ne disait rien et regardait autour d'elle par la vitre. Après quelques minutes, ils virent un groupe de femmes qui revenaient des champs en marchant le long de la piste. La plupart étaient voilées et portaient des habits de travail colorés. Ils les dépassèrent et soudain, en lui tapant sur l'épaule, elle cria en arabe au chauffeur de s'arrêter, maintenant. Ce qu'il fit sans comprendre. La carlingue s'immobilisa dans la poussière. Elle sauta à l'extérieur et partit en courant vers le groupe de femmes. Son compagnon fit de même après avoir demandé au chauffeur de surtout les attendre. Quand il la rejoignit, elle était dans les bras d'une jeune femme qui avait les yeux bleus, une peau brune tendue, deux fines stries incrustées de poussière autour de la bouche, un visage fin, un sourire d'appétit. Elle portait un foulard rouge qui ne cachait qu'en partie ses cheveux noirs épais. Toutes les deux pleuraient. Elles s'accrochaient l'une à l'autre pendant que les femmes autour riaient de leurs larmes sans réellement comprendre la scène.

Après s'être essuyé les yeux, elle lui présenta Mina. Elles avaient le même âge, elle était son amie d'enfance qui n'avait pas bougé du village, elles ne s'étaient pas revues depuis vingt ans. Mina était magnifique, elles étaient toutes les deux belles et solaires dans cet instant de hasard absolu, au détour d'un chemin imprévu. Elles se tenaient avec force et comblaient le gouffre de la vie entre elles. En passant en voiture, dans la poussière, parmi un groupe de femmes, elle avait cru reconnaître un regard et un port de tête surgis de sa mémoire et elle ne s'était pas trompée. Les minutes s'écoulaient, l'homme à la voiture attendait, les autres femmes devaient rentrer. Elle et Mina se dévoraient du regard. Elles n'avaient plus rien à se dire, il aurait fallu la nuit et le jour en tête à tête. Elles se serrèrent encore dans les bras, et chacune s'éloigna. Presque vingt ans ont encore passé.

/

Communes traversées : Moulin-Neuf, Soubie, La Mouthe, Montpon-Ménestérol, Saint-Martial d'Artenset, Beaupouyet, Les Lèches, Bourgnac, Issac, Beleymas, Montagnac-la-Crempse, Douville, Pont-Saint-Mamet, Bassac, Beauregard-et-Bassac, Saint-Maime-de-Péreyrol, Saint-Amand-de-Vergt, Saint-Michel-de-Villadeix, Veyrinesde-Vergt, Saint-Félix-de-Reilhac, Cendrieux, Mauzens-et-Miremont, Fleurac, Saint-Léon-sur-Vézère, Sergeac, Saint-Geniès, Archignac, Borrèze.

Lieux-dits traversés : Gorre, Les Brandes, L'Homme-Mort, Maison seule, Le Moulin du Drôle, Les Loges, Le Galant, La Tour, La Forêt, Le Petit charretier, Le Grand Charretier, Le Petit

Bigota, Le Vignoble, Ferrachat, Maud couvert, Ferremouche, Cabane blanche, Petit Maine, Le Débat, Les Bitarelles, Les Cacarottes, Les Grands Champs, La Maison neuve, Le Trou du loup, Ferrus, Maison basse, Peyrebise, Le Cause, Les Pâques, Le Sauvelat, Le Désert, Gatepont, Truche, Tartifume, La Reygasse, Chez le Tordi, Touron, Les Places, La Gavisse, La Sébélinie, Les Piquants, Font-Mort, Les Pimpardies, Le Petit But, Le Grand But, Ruines, Le Négrou, La Barbie, Rivesol, Le Pigeonnier, Les Porcheries, Bouniague, Les Molières, Le Lac des Miracles, Les Tueries, La Cloppe, La Chapelle, Les Brousses, Chantepie, Bois du Ruth, Le Repaire, Pied Cornu, La Galanterie, Le Paradis, La Battue, La Farouchie, Chez Plaisant, Le Masnègre, La Plaine, Les Quatre Routes, Le Moulin de Diane, La Salvagie, Le Babacamp, La Raymondie, Le Bois noir...

Les noms ponctuent le voyage. On pose le doigt dessus, on les dit à voix haute, on les laisse résonner dans la bouche, on accentue le claquement des consonnes – dont la finale car nous sommes au sud. On joue avec l'accent en retrouvant le léger plaisir d'une appartenance qui sonne comme l'enfance, celle durant laquelle il fallait parfois demander à répéter pour comprendre les vieux. L'un d'eux, qui vivait près d'une petite rivière et n'en avait jamais bougé, métayer au service de lointains et riches propriétaires, entouré par la forêt, m'adressait ainsi la parole en mêlant l'occitan, le français aux r roulés et des mots non identifiés. Son visage était expressif, ses yeux en disaient long et c'est dans le regard que je reconstituais la phrase, avec un temps de retard, comme si un traducteur me chuchotait à l'oreille. Quand il finissait une phrase, il se taisait, restait en suspens en attendant que j'arrive et poursuivait la conversation. On le surnommait Anquetil, comme le cycliste.

En voyageant ici, ces noms qui marquent les étapes nous disent sans cesse un coin de terre dont nous sommes faits. C'est une tonalité qui pourrait être musicale, celle d'un lieu dont les notes sont des souvenirs, des expériences, des lumières, des visages, des mots, des sons, des odeurs, que l'on sait personnels, que l'on tient à distance par l'ironie et la tendresse afin d'éviter les si banals enracinements et folklores chauvins. Ce n'est presque rien, cela ne m'appartient pas, et pourtant. La difficulté de partager cette tonalité individuelle avec d'autres, de la faire entendre autrement que par des clichés en dit toutes les limites patriotiques. Ces noms propres qui ponctuent s'ouvrent également sur l'inconnu, les lieux-dits surtout que j'interprète comme des créations populaires et non le produit d'une gestion officielle du territoire. Ces noms racontent un fait ou une situation qui ont existé, qu'on a oubliés ; des origines latines et autres qui ne font plus sens ; des références mythologiques et bibliques qu'on ne sait plus ; peut-être des villages anciens engloutis.

Le long du 45e, qui a créé *Le Petit But* et *Le Grand But* ? Qui a imaginé *La Cloppe* ? *Le Lac des Miracles* ? *Babacamp* ? *Pied Cornu* ? *Le Désert* ? S'ils ont perdu leurs significations premières, ils sont une permanence énigmatique, ils existent par ce que l'on imagine. Nous passerons ainsi avec plaisir une nuit au *Paradis*. Un lieu-dit près d'un village que j'aime se nomme *Le Corps* ; un autre *Prends-y-garde*.

/

Si j'avais été un extraterrestre, envoyé sur Terre par l'agence d'exploration PPH (Pôle paysages et humains) dans l'optique d'une implantation sur ce bout de territoire, le long du 45e parallèle nord, qui pour une raison connue d'eux seuls aurait une signification essentielle, je me serais autorisé quelques remarques sur les êtres croisés, à la façon d'une typologie destinée à mieux cerner cette espèce étrange, l'homme, afin de l'éliminer, l'utiliser ou le réduire en esclavage. J'aurais ainsi rédigé mon rapport et surtout son annexe, l'observation anthropologique, en ces termes :

> Annexe au Rapport XF 20041968 / France / Dordogne / Moulin-Neuf à Borrèze / 45e P.N. / Étude d'implantation.

Suite à notre étude prospective et la mission de terrain durant 8 journées terrestres, nous avons bien noté la présence de bipèdes mâles et femelles sur la ligne magnétique du 45e parallèle nord. Malgré la diversité de cette espèce, l'usage de la fermeté associé à une manipulation psychologique en permet généralement une gestion aisée afin d'envisager une cohabitation pacifiée. L'hypothèse de la création d'un zoo humain reste à étudier par le service adéquat. Ci-dessous une brève description typologique avec nos recommandations d'orientation lors de l'implantation de la Colonie.

Paysan produisant pour un périmètre géographique restreint (à maintenir, utile pour la survie de l'espèce).

Représentants élus des habitants des multiples villages (nombreuses dissensions locales mais possibles relais des décisions de la Colonie avec des risques de rébellion, à surveiller et éventuellement punir).

Chasseur-cueilleur ayant choisi les bois comme lieu de vie quotidienne (armé, a le goût du secret, à surveiller).

Jeune urbain ayant quitté la ville pour des raisons sensibles et idéologiques, en quête d'un environnement "sain" (cas étranges mais répandus, à interroger).

Retraité venu d'un autre lieu à la recherche d'une tranquillité idéale (en voie d'extinction naturelle).

Savant local (à utiliser comme collaborateur).

Jeune ayant rapidement fait fortune dans un monde virtuel appelé "Bourse" et devenu propriétaire d'un château ancestral (aucune utilité, à orienter vers l'entretien des routes).

Représentants de la sous-espèce anglaise et hollandaise venus en nombre coloniser ce territoire (certains vivent en autarcie, d'autres sont utiles pour l'emploi, à maintenir suivant leur intégration locale).

Membres de diverses mafias ayant acheté un domaine à l'écart des routes, reconnaissables à leurs véhicules aux vitres teintées (peu présents, à écarter si nécessaire).

Famille d'origine noble et propriétaire de château (habitat réservé aux membres de la Colonie, à étudier pour un maintien dans les dépendances suivant leur prestige local).

Famille chassée de la ville pour raisons économiques (tendance importante dans la société humaine lors de l'observation, à maintenir faute d'autre solution).

Paysan ruiné (monoculture, prêts bancaires) : matériel rouillé, maison en ruine (cas désespéré, possibilité d'esclavage au profit de la Colonie).

Couple âgé pratiquant le vélo sur des trajets quotidiens identiques (cas unique, sondage chimique recommandé).

Bouddhistes, chamanes, magiciens, guérisseurs etc. installés volontairement près du 45e parallèle, qui en font publicité (concurrence possible avec la communication de la Colonie, à écarter).

Propriétaire d'une des vallées de l'apparition de l'espèce humaine (à maintenir à des fins éventuelles de propagande).

Animateur de jardin où les humains viennent réapprendre à être humains (permet la baisse du taux de suicides et l'usage de neuroleptiques, à former pour une réorientation au profit de la Colonie).

Travailleurs étrangers saisonniers, tarifs concurrentiels pour travaux agricoles (à utiliser en fonction de l'importance de la Colonie).

Représentant de la sous-espèce noble, qui déclare : "La Révolution a beaucoup pris à ma famille, vive la République !" (cas étrange, à placer en observation).

Pêcheur solitaire devant un étang, silencieux et immobile, équipé d'un matériel complexe (inoffensif, élément de décor indispensable à l'éventuelle création du zoo).

Habitants de zones pavillonnaires en marge des villages (nouvelle population, à maintenir malgré la médiocre qualité esthétique des habitats).

Petits commerçants et artisans, épiciers, électriciens, quincailliers, coiffeurs etc. (en voie de disparition, à soutenir pour limiter les déplacements des humains et répondre aux besoins de la Colonie).

Tenanciers de cafés pratiquant des concerts de musique euphorisante en fin de semaine (rare possibilité locale de distraction, à maintenir ou non selon les volontés de la Colonie quant aux possibilités de vie sociale accordées à l'espèce humaine).

Nous complétons cette Annexe par une source écrite que nous a fournie le Service des archives coloniales. Quatre membres de l'espèce humaine, voilà 30 années terrestres, ont étrangement marché le long du 45e PN, sur la même portion que nous avons explorée. Ce document, intitulé *Azimut Brutal*, est, à notre connaissance, le seul de ce genre évoquant le territoire concerné.

/

La plupart du temps, durant la marche nous parlons peu. Chacun se concentre sur son appréhension du lieu : les mots pour moi, les images pour Nicolas, les sons pour Frédéric. Tous deux ont repéré avec Patrick des bouts de parcours, ils redécouvrent le chemin et doivent oublier ce qu'ils savent. Chacun cherche cet intérieur fait de l'extérieur et reste à l'écoute. Trop de paroles – dont celles inévitables de quatre garçons perdus dans la nature, qui explosent comme des bulles à intervalles réguliers – empêcheraient ce chemin que nous attendons. Nous tenterons de construire quelque chose de cette marche et de ce paysage. Nous n'avons aucun parti pris sinon celui de nous laisser emporter. Quelques idées préconçues sont déjà tombées. Il ne s'agit pas de s'influencer les uns les autres en partageant nos sensations, mais d'espérer une correspondance. Malgré nos airs détendus et confiants, nous faisons avec l'angoisse de ne rien éprouver, ni rien penser, de ne pas saisir ce qui pourrait se transformer ensuite. Patrick nous accompagne par amitié, nous lui déléguons une part du cheminement pratique. Il n'aura rien à en dire ou à en montrer, son métier est ailleurs. Il est le plus sportif de nous quatre, il ouvre souvent le chemin et paraît infatigable. Dans sa marche, il a une façon de s'immiscer en dérangeant le moins possible, apanage de ceux qui pratiquent les bois avec régularité. Il ne laisse pas de traces et pourrait sans doute survivre ici grâce à ses connaissances. En l'écoutant ne rien en dire, je songe parfois qu'il est peut-être de nous tous le plus concrètement dans l'acte. Je perçois en l'observant l'évidente bizarrerie du geste de devoir écrire pour se saisir des choses de la vie.

/

Je tourne autour d'une idée, durant la marche et bien après : l'effraction, le cambriolage sensoriel, ce que permet un surgissement dans la perception du paysage. Le 45e est arbitraire, mais il provoque l'aléatoire. Nous sommes loin d'être les premiers à choisir une telle entrée en matière et d'autres continueront. La modernité étant depuis plus d'un siècle la ville, un poète du XIXe initia des marches dans les quartiers et les rues avec une tortue en laisse ; certains passèrent par les toits en suivant des tracés rectilignes ; d'autres traversèrent ces lieux de la ville où personne ne marche plus, qui ne sont plus que masses et flux, pour flâner au cœur du vacant et de l'uniforme apparent. Plus proche de nous puisque nous croisons son trajet, Lawrence d'Arabie promena ici sa jeunesse anglaise, à bicyclette, pour son Grand Tour.

Nous entrons dans le paysage par les sentiers et routes autorisés, mais aussi à travers champs, forêts et propriétés, dans cette nature qui, dit-on, n'est plus naturelle du fait de la main et du travail de l'homme. Le franchissement des lignes non autorisées est un plaisir enfantin, un frisson universel face à l'interdit, une contestation de la propriété privée avec laquelle nous avons forcément un rapport ambivalent suivant le côté de la barrière où nous sommes assis. C'est une part du voyage.

L'autre effraction est de sortir des chemins, de chercher et de soudainement tomber au cœur d'une vision, d'être saisi par une conjonction des éléments, d'entendre l'épaisseur d'un son dans le silence, de sentir les matières qu'on ne foule pas habituellement et d'éprouver ce sentiment d'avoir trouvé un rythme. Cela justement dans un paysage composé de ce que l'on croit connaître, au cœur d'une codification du lieu que l'on pense maîtriser. Rien ne me surprend, d'un point de vue exotique, mais tout me surprend si mon regard est arrêté par ces formes connues.

Ces beautés-là ne se provoquent pas. Elles surgissent dans une inattention permanente et, mise à part la fougère, cette fragile sensuelle qui m'émeut toujours et me ramène dans la forêt des Landes au pied des pins, elles nous happent par surprise. Leur fugacité arrête et nous tentons de ralentir la fuite. Elles frappent et déjà nous ne sommes plus là. Il est tard, il faut marcher et plutôt que de glisser en elles en s'extrayant d'un rythme, je laisse descendre en moi ces beautés entrevues, je les garde comme si elles étaient une part de mon souffle, je les prends à la volée et les observe poursuivre un chemin inconnu. Sans les forcer, elles obligent à une attention permettant leur apparition. Le geste répété, la direction recherchée, le regard éveillé pour savoir se mouvoir au mieux, les repères pris, les observations notées, les mots qui apparaissent dans un lieu et non un autre..., tout participe d'une mise en condition au ravissement.

Ainsi peuvent venir parfois des coïncidences et des correspondances, un dialogue silencieux que l'on pensait impossible car, contrairement à ceux qui travaillent par nécessité dans la nature et dans la terre – ceux qui chassent, pêchent et cueillent –, qui en ont une intelligence et une connaissance concrètes, qui usent leur corps, qui créent à partir d'elles –, les marcheurs ne donnent rien. Leur déambulation est gratuite. À la recherche de nourriture pour leurs monologues intérieurs, ils prennent et se placent sur le versant de la contemplation, du moins le tentent-ils. Mais par l'attente et l'observation, ces rencontres avec l'animé sont porteuses de paix, elles provoquent une habitation poétique provisoire que je ressens comme un souffle de l'enfance. Et je n'éprouve pas le besoin de réintégrer ce lien dans un ordre animiste perdu, dans des cosmogonies lointaines. Ce regard n'est pas mystique, l'habitat me suffit.

La brèche que nous envisagions pourrait être cette ouverture dans le paysage, comme si ces petits lieux contenaient un espace beaucoup plus grand dans lequel nous trouvons une place.

/

Essayer d'être immobile.

Un chêne se penche lourdement sur le pré. Un autre, au tronc blanchi, dégarni, dont certaines branches tordues se dressent encore, est à terre. Une vache meugle. Les feuilles sèches se mêlent aux herbes jaunies, certaines retiennent l'humidité de la terre grasse. Un chemin de tracteur grimpe sur la gauche. Un rapace crie victoire au-dessus des arbres, un corbeau s'annonce. L'odeur est chaude et sucrée. Un bout de branche tombe sèchement, ou bien peut-être est-ce un fruit. Des arbres aux troncs fins, dont certains portent des baies rouges, enserrent la petite rivière qui passe là, à droite, et s'enfonce dans la pénombre. Des ronces retombent jusqu'au sol. Des moucherons et des moustiques tournoient géométriquement. Des taches de lumière sur l'eau doucement agitée. Une cloche sonne. Le pré s'ouvre en face, borné par des chênes comme des gardiens. Plus loin, près de l'eau, un autre arbre a des racines apparentes énormes, des jambes pliées, comme à genoux au bord de la rivière. Des araignées d'eau perchées sur leurs fines pattes se déplacent en poussées nerveuses et attendent la fin de l'élan pour recommencer. La terre semble parfois craquer. Deux papillons blancs descendent en piqué sur l'herbe. Le vent se lève et fait tournoyer des feuilles mortes arrachées aux arbres. Il éveille quelque chose qui se met à parler en frôlements, en bas et dans les hauteurs. Une fougère ondule, elle a une douceur veloutée au revers, une sècheresse légèrement granuleuse en surface. Elle est comme un arbre tropical qui refuserait de l'être ou qui serait contrarié de ne pouvoir l'être.

Être immobile.

Un bourdonnement – une basse continue – se répand, et toujours des catastrophes dans les branchages, de brusques traversées sonores. La rivière file avec ses consonnes liquides. Deux arbres à l'écorce grattée par des bêtes où se dessinent une porte et une fenêtre. L'envie de remonter la rivière à pied, d'en sentir la fraîcheur, d'être dans son lit, entre la clairière et la forêt, de s'y faufiler en se sentant protégé par les branches qui se penchent sur elle pour en capter l'haleine fraîche. Un insecte émet un sifflement strident qui s'éteint doucement. Des oiseaux chantent sec, longuement, en trilles ou en appels brefs. Un âne au loin, un pigeon qui roucoule. Le long de la rivière, une guerre secrète a eu lieu, la terre est bouleversée, des branches brisées s'étalent éparses, l'herbe est écrasée.

D'épais nuages blancs traînent dans le ciel bleu. Quelque chose se tait en soi et disparaît. On est là, et l'on n'est pas là. Soudain, tout participe d'une ponctuation volontaire et joyeuse. Chaque chose est à sa place ; chaque être vivant se glisse à l'économie, aucun ne force le passage. Tout est fluide et sans fin. Le vent se lève, un cycle recommence. Et vient une allégresse de la marche qui ressemble à l'emballement amoureux.

Se lever, remonter la rivière.

/

Une petite voix – un monologue intérieur – s'est sans cesse insinuée dans la marche. Je tente de l'extraire, d'en isoler des morceaux, certains venus d'autres temps, d'autres histoires, pour laisser se développer en phrases ce que le lieu suggère. Cette voix est déconstruite, elle surgit comme elle le souhaite au rythme de la marche. Elle est brève, longue, s'emballe ou se racornit immédiatement : pensée soudaine, vieille idée remâchée, éclat fulgurant, image déjà morte à peine formulée, mots inédits auxquels je m'accroche comme si le sens de ce qu'on fait là tenait dans ce qui naît au rythme des pas. Pourquoi ce vers de T.S. Eliot, *Ce crabe au fond des océans*, revient-il sans cesse ? Pourquoi telle phrase m'accompagne-t-elle, que je me dois d'élucider, ce à quoi je parviens rarement ? La marche devient un mouvement vital, un automatisme biologique du même ordre que l'air expulsé des poumons : on est traversé. Et tous ces mots viennent du bas, du sol, car lorsqu'on marche en terrain non balisé, on regarde plutôt ses pieds que le ciel.

Je marche toujours à l'aveugle, dans l'obscurité, en sachant qu'elle peut devenir définitive. Je n'en éprouve plus d'inquiétude et je me suis mis à aimer un temps qui n'est pas celui des entreprises futures et des projets qui poussent à l'oubli du présent, cet encastrement dans des compartiments régis par la vitesse. Cette obscurité est comme un parallèle invisible, je suis le seul à la percevoir et je sais qu'elle est un chemin qui s'éclaire progressivement. Je n'en suis pas spectateur, j'y marche et ce qui apparaît dépend de la façon dont je marche.

Ce chemin qu'on pense droit, de l'éveil à l'extinction – ligne de fond palpable, physique –, ne l'est pas, même si la direction est assurée. On ne peut jamais s'écarter de cette ligne et ce qui en nous se répète, mais notre vie sera dans les détours

– ceux que nous choisissons et surtout, la plupart du temps, ceux qui s'imposent et que nous acceptons. Le 45e ne serait-il pas cette tentative d'équilibre sans cesse recherchée dans les paradoxes, les contradictions et les forces qui nous animent et nous échappent ?

/

Après avoir planté le bâton d'arrivée dans une bouse au sommet de la colline aux vaches, nous revenons à Périgueux en voiture, ensommeillés, les yeux dans le vague, de retour d'une épreuve grisante. Nous prenons le chemin à rebours en suivant les courbes du goudron. Dans la vitesse du défilement, à la volée, des bouts de paysages se font reconnaître, apparitions fugaces aussitôt chassées par d'autres, avec cette coupure de la paroi de verre, comme si nous étions immobiles et regardions les images d'un cinéma ambulant. Le plus frappant, qui me manque après ces journées de marche, malgré la douleur, est l'absence de matières en contact avec le pied et la peau, de sons et d'un silence empli de ces sons.

À la descente de la voiture, en ville, le bruit est une matière compacte à laquelle je me cogne, qui provoque un effet de saturation, comme si la pierre des bâtiments se prolongeait dans l'air qui nous entoure. Nous ramenons un rythme, un souffle, mais aussi des griffures, quelques souffrances, des boutons, des grattements et des saignements, des petites bêtes qui ont migré avec nous des forêts vers la ville.

/

Bibliographie succincte du voyage

Pierre Michon, *La Grande Beune*, Verdier, 1996

Edward Abbey, *Un fou ordinaire*, Gallmeister, 2009

Coline Thubron, *En Sibérie,* (*In Siberia*, 1999), trad. fr. Hoëbeke, 2010

Jean-Christophe Bailly, *Le Dépaysement*, Seuil, 2011

Barbara Cassin, *La Nostalgie : Quand donc est-on chez soi ?*, Autrement, 2013

Remerciements

Un grand merci au photographe Nicolas Lux, au compositeur Frédéric Roumagne et au marcheur Patrick Michéa pour l'invitation au voyage, qui a abouti à l'exposition *Parallèle 45 – Azimut brutal*, et à ce récit.

Merci à tous ceux qui ont permis que ce travail existe, par leur soutien et leur accueil : Hélène et Bernard Lux, Marie Dussoulier pour, entre autres, les repas chauds et l'amitié, ATD24, Géomatika, Jean-Luc Gross, Jean-Claude Prévôt, Guinguette de Neufont, Golf de la Marterie, Jean-François Hautefort, Philippe Colomy, Isabelle Castanet, Stéphanie Demeurisse, Paul Placet, Conseil départemental de Dordogne, Agence culturelle départementale Dordogne-Périgord, Xavier Amelot, géographe.

Merci à tous ceux qui ont partagé des moments avec nous le long du 45ᵉ.

Enfin merci à Saïda Ouidane pour sa présence et ses propositions ; aux amis, dont Gilles Magniont et Mark Eaccersall, pour leurs relectures ; Anna et Juliette pour leurs conseils avisés ; François Bélorgey pour le perchoir à Sainte-Sévère-sur-Indre ; Anne-Laure Brisac pour sa lecture attentive et son enthousiasme.

Du même auteur

Mécaniques du fouet – Vies de sainte Eugénie, bande dessinée, avec Jorge González, Futuropolis, 2019

L'Adieu au fleuve, avec le photographe Christophe Goussard, éditions Filigrane, 2015

Être là, avec Amnesty International, bande dessinée, avec un collectif de dessinateurs, éditions Futuropolis, 2014

Le Captivé, bande dessinée, avec Christian Durieux, éditions Futuropolis, 2014

Le Corps juste, Hamid Ben Mahi / Alain Bashung, récit, avec Christophe Goussard, éditions Le Castor astral, 2013

Les Autres, balade araméenne, récit, avec Christophe Goussard, éditions Filigranes, 2009

Abdallahi, bande dessinée, avec Jean-Denis Pendanx, éditions Futuropolis, 2007

La Ligne de fuite, bande dessinée, avec Benjamin Flao, éditions Futuropolis, 2007

Voyages aux pays des Serbes, récit, avec le dessinateur David Prudhomme, éditions Autrement, 2003

Éditions Signes et balises

Collection Histoire, Histoires

Ivan Denys, *Lycéen résistant*

Pierre Brunet, *Histoire de Daniel V.*

Rosine Crémieux & Pierre Sullivan, *La Traîne-sauvage*
précédé de "Démêler la mort de l'avenir", de Pierre Sullivan

Shaun Levin, *Le Garçon en polaroïds*
(traduit de l'anglais par Étienne Gomez)

Collection Des villes et des vies

Arthur Klinau, *Minsk cité de rêve*
(traduit du russe par Jacques Duvernet)

Christos Chryssopoulos, *Athènes-Disjonction*
(traduit du grec par Anne-Laure Brisac)

Nikos Kavvadias, *Journal d'un timonier et autres récits*
(traduit du grec par Françoise Bienfait et suivi de
"Premières Armes", de Gilles Ortlieb)

Collection Traces

Victor Serge & Laurette Séjourné, *Écris-moi à Mexico.*
Correspondance inédite 1941-1942,
précédé de "Victor Serge : le dernier exil", d'Adolfo Gilly
(préface traduite de l'espagnol par Tessa Brisac)

direction éditoriale : Anne-Laure Brisac
mise en page et graphisme de couverture : Débora Bertol
photogravure : Graphium
relecture et correction : Marianne Ganeau

l'éditrice remercie Nicolas Lux pour la photographie p. 2-3
et Pierrette Turlais et Stéphan Chraïbi
pour leurs remarques suggestives.

achevé d'imprimer par l'imprimerie IGO, en février 2019
n° d'impression : 9030
imprimé à Le Poiré-sur-Vie (85)
Dépôt légal : novembre 2018

ÉDITIONS SIGNES ET BALISES
15-29 rue Guilleminot
75014 Paris
www.signesetbalises.fr